もう長いこと、料理は図式化できると考えていた。特にスープはすでに、ぴったり図式化できていた。

辰巳芳子《たつみよしこ》という生《い》き方《かた》 Yoshiko Tatsumi, Her Way of Life

Ludwig Hirschfeld-Mack Gradation farbig, 1922/23 Bauhaus-Archiv Berlin

Ludwig Hirschfeld-Mack
Gradation farbig, 1922/23
Arbeit für das eigene Farbseminar von Hirschfeld-Mack am Bauhaus
Gouache auf collagierten Papierstreifen
70.4 x 96.7 cm, Inv.-Nr. 3818/4
Abb.in: Ausst.kat. Ludwig Hirschfeld-Mack, Ostfildern, 2000, Kat.nr. 75
Fotonachweis: Bauhaus-Archiv Berlin/ Markus Hawlik
© Kaj Delugan, Wien

Ludwig Hirschfeld-Ma

これが私のスープです。

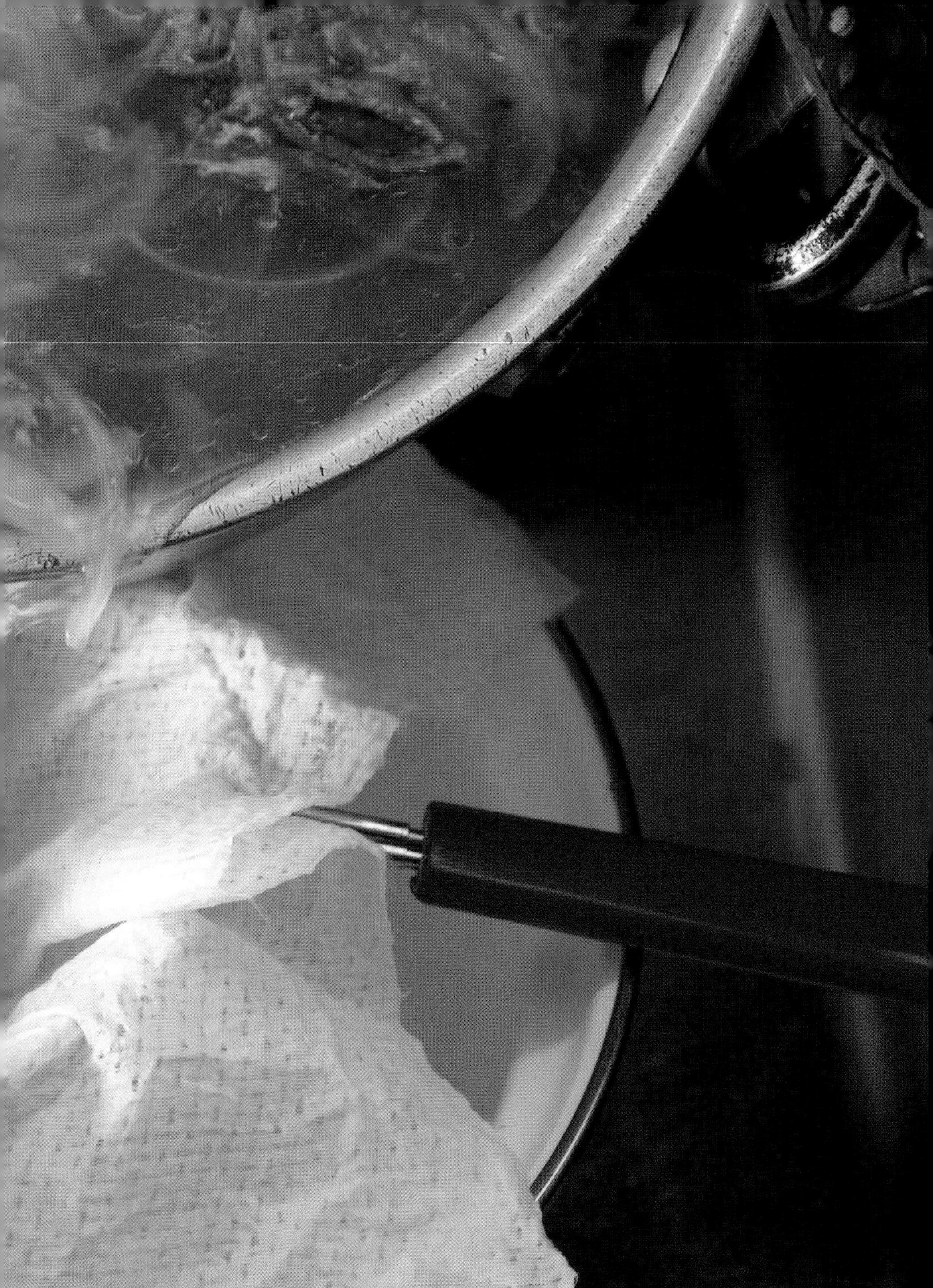

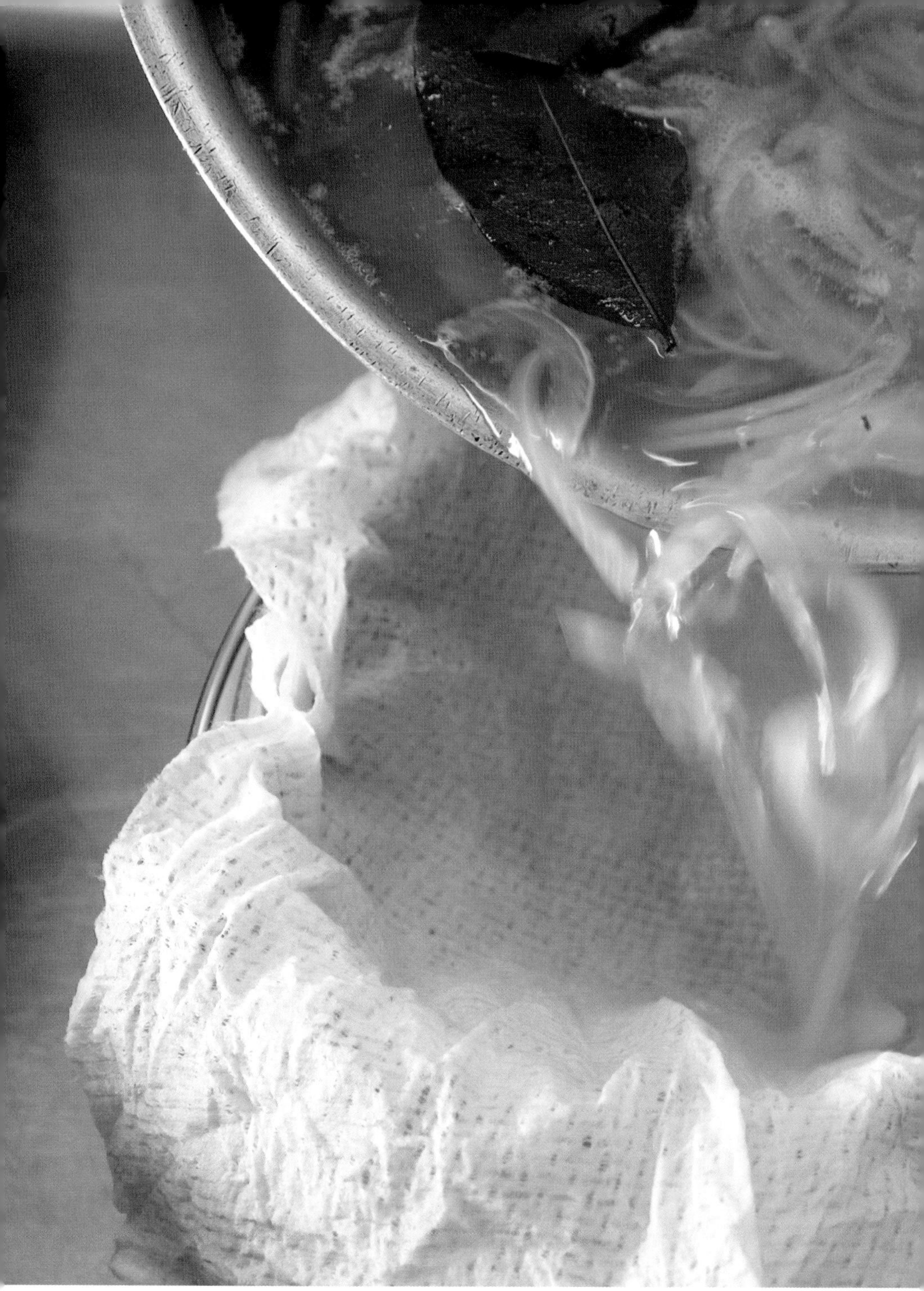

スープというのは食材が持っている一番よいところを、静かーにもらって集めてしまうもの。

父が入院し、嚥下障害に苦しんでいたとき、私は小松菜でポタージュを作ろうと思いつき、
自然に、あさりをスープに入れました。

〔辰巳芳子 珠玉のレシピ Recipe 1〕→36ページ

dkny

白髪をふうわりと結い上げ、
スープ鍋に木べらを差し入れる手のたおやかさ。
「ありがとうございました」と頭を下げる
綺麗なお辞儀。

七〇歳の誕生日に

「良い食材を伝える会」を立ち上げ、そして
八〇歳を目前にしたある日、
子どもたちの未来のために、
「大豆一〇〇粒運動」を発足させた、
強い意志。

感動と共感を呼んだ
『あなたのために いのちを支えるスープ』。
家族のためのスープを、
病院でのスープサービスとして
社会へ飛翔させた、行動力。

子どものほっぺを包み込む暖かな手。
とろけそうな笑顔。
料理家という肩書きを軽々と超えた、

辰巳芳子という生き方。
二〇二四年、一〇〇歳を迎える辰巳の
生きる姿勢――強さと優しさ――。
その足跡とメッセージを伝えます。

辰巳芳子《たつみよしこ》という生《い》き方《かた》

Yoshiko Tatsumi, Her Way of Life

目次《もくじ》

辰巳芳子《たつみよしこ》という生《い》き方《かた》 Yoshiko Tatsumi, Her Way of Life

つなぐいのち 子どもたちとの時間……71

辰巳家の道具・うつわ語り……103

辰巳芳子 写真で語る自分史……125

辰巳芳子 対談録……151

辰巳芳子 珠玉のレシピ

本書は、文化出版局より刊行の雑誌『ミセス』に掲載された、二〇〇四年〜二〇一一年にかけての辰巳芳子に関する特集を中心に、『あなたのために』『続あなたのために』『暮しの向付』の内容を一部加え、再編集したものです。

いのちを支《ささ》えるスープ

料理研究家のさきがけ
母・浜子の傍らで家庭料理を会得し、

大正から昭和初期、
宮内省大膳寮で仕事をされた
フランス料理の恩師・加藤正之先生に
一三年間、指導を仰ぐ。

その教えと、
父の闘病を支えた体験から

「いのちを支えるスープ」が生まれた。
料理教室「スープの会」の発足、
スープサービス、病院食への提言、
多くの人々との交流を通して熱く支持され、
広まったその思想。

辰巳芳子という生き方を象徴する
いのちのスープ、

その、いくつかの物語。

あなたのために
いのちを支える
辰巳芳子

Anata no Tameni
Yoshiko Tatsumi
2002,
Bunka Publishing Bureau

あなたのために

いのちを支えるスープ
辰巳芳子
文化出版局

「色は食材、並列は技法。それらのおのずからなる融合の美は、味というものの行き着くところと結びついた」――ベルリンのバウハウス美術館で出会った、ルートヴィヒ・ヒルシュフェルトマックの作品を「自分の頭の中に在ることどもを、色と形で提示された」と感じ、理解者とめぐりあえた喜びを綴っていた辰巳。スープの図式とアートが響きあう表紙。

スープに託す

「つゆもの、スープ」と人のかかわりの真髄は、と問われましたら、あらゆる理論を超えて、「一口吸って、ほっとする」ところ。いみじくも「おつゆ」と呼ばれている深意と答えたいと思います。

作るべきようにして作られたつゆものは、一口飲んで、肩がほぐれるようにほっとするものです。

滋養欠乏の限界状態で摂れば、一瞬にして総身にしみわたるかに感じられるそうです。この呼応作用は、いつの日にか解明されますでしょう。

「おつゆ—露」いつ、どなたがこの言葉を使いはじめられたか知るよしもありませんが、露が降り、ものみな生き返るさまと重ねてあります。

私たちの先祖方の自然観と表現力をたたえ、この美しい言葉を心深く使ってゆきたいと思うのです。

私は、母の心づくしのおつゆもので守り育てられました。

しかし、おつゆもの、スープの本を書くに至った情熱は、父の八年に及ぶ、言語障害を伴う半身不随の病苦であったと思います。

病苦の中の嚥下困難が、スープと結びつきました。

嚥下困難は、とろみに欠ける液体、または口中でまとまりにくく散ってしまうものがむせることを招き、むせれば食事は中止となります。

病院では、これに対応する食事の配慮は皆無で、特に親切のつもりの刻み食はいかんともなしがたいものでありました。

さらに衰弱は、食事することさえ労作であることが見えました。

一椀の中に、魚介、野菜、穀類、豆を随時組み合わせ、ポタージュ・リエにしたものは、病人も私も安心の源でした。

例えば冬は、父の好む香り高いもの――セロリとひらめの酒蒸しのポタージュ・リエに。パセリのクロロフィルを落とし、吸飲みですすめました。夏の夕方は、冷たい、病人向きのガスパチョで一息入れてもらったりでした。

父は忘れえぬ笑顔で、応えてくれました。

母亡き後の三年間、いのちを支える、日替りスープを作り続けられたのは、母の教えもありましたが、恩師・加藤正之先生のスープに対する姿勢と手法でした。

先生は、大正から昭和初期、日本の最も落着きのあった時代を、宮内省大膳寮において、秋山徳蔵先生とともに仕事をされました。

先生はスープと野菜で一四年という修業をなさり、「これらができれば、肉や魚はいつでもできる」が口ぐせでした。特にスープは献立の最初に供されるものとして重要視され、細心の注意を払われました。

私は一三年間、完全献立でご指導を受けたのですから、切るにつれ、鍋に向かうにつれ、先生のご注意は耳もとで聞こえていました。（『あなたのために いのちを支えるスープ』より）

辰巳芳子　珠玉のレシピ
Recipe 1

小松菜とあさりのポタージュ

小松菜とあさりは、肩を並べる相性である。なんとなく、ほほえましい相性を忘れず、ここでも取り入れた。ベースを煮てゆく時点では、あさりの返し汁を使う。仕上りに、貝の身のついておらぬ側の貝殻をはずせば、行儀よい仕上りとなる。

■材料

小松菜　250g
じゃがいも　500g
玉ねぎと長ねぎを同量で　合わせて150g
あさり　300g（塩、白ぶどう酒各少々）
オリーブ油　大さじ3
ローリエ　2枚
鶏のブイヨン　4〜6カップ
牛乳　1〜2カップ
塩　小さじ2

前ページのスープに添えてあるのは、オートミール、そば粉、きな粉、小豆粉、玄米胚芽、小麦胚芽、ごまの七種を配合しローストした「スーパーミール」を、お粥のように炊いたもの。辰巳が考案したこの「スーパーミール」は、1食分45g、バランスのとれた栄養を摂取することができる。

■作り方

〔1〕あさりは、塩水につけて砂出しをし、洗う。塩をふって、貝どうしをこすり合わせるように洗い、水洗いする。さらに一～二回塩でこすり洗いを繰り返し、レモン水につけて臭みをとる。

〔2〕あさりを平鍋に入れ、白ぶどう酒をふり、ローリエを加えて蒸し煮にし、口を開かせる。返し汁はこしておく。

〔3〕小松菜は茎と葉にちぎり分け、それぞれ水を張ったボウルにつけておく。これを別々に塩ゆでし、冷水にとる。茎は小口切り、葉はみじん切りにする。

〔4〕玉ねぎは三ミリ厚さほどの薄切り、長ねぎは小口から薄切りにする。

〔5〕じゃがいもは皮をむき、一センチほどのいちょう切りにして、一〇分ほど水にさらす。

〔6〕鍋に玉ねぎと長ねぎ、オリーブ油、ローリエを入れて弱火にかけ、ねぎの刺激臭が抜けるまで、蒸し炒めする。じゃがいもの水気をきって加え、さらに蒸し炒めする。じゃがいもが五分どおり炒まったら3の小松菜の茎を加えて、蒸し炒めする。

〔7〕6に野菜にかぶる量のブイヨンと、2のあさりの返し汁を入れ、塩の半量を加え、充分やわらかくなるまで煮る。

〔8〕7が炊けて粗熱が取れたら、ローリエを取り除き、ミキサーにかけ、鍋に移す。3の小松菜の葉も水分を補いながらミキサーにかける。

〔9〕8の鍋を火にかけ、牛乳とブイヨンを加えて濃度を調節し、ミキサーにかけた小松菜のクロロフィルを加える。あさりも殻からはずして入れる。塩で味を調えて仕上げる。

あなたのために

いのち。辰巳芳子の著書に幾度も記され、また語られる、いのちという言葉。

父の出征を見送った遠い日の記憶。一二歳の辰巳は考えた。「このまま戦死して帰ってこなかったら、お父さまのいのちの意味は何だろう、社会的使命、譲っていくいのちといった属性的な意味ではなく、父の個としての意味があるはず――」と。いのちというものをまじめに考える、大きなきっかけを与えてくれたその存在。食を通して、いのちと向き合う現在につながっていく原点がここにあった。

『あなたのために　いのちを支えるスープ』。代表作の一つであるこの著書の誕生は、病の床にあった父の存在を抜きにしては語れない。いろいろなものを食べられなくなった父が喜んでくれたポタージュ・リエ。吸飲みに二つほど飲んでくれれば、明日の朝までは、本人はも

二〇〇二年九月の刊行以来、辰巳芳子の名前を広く知らしめ、社会現象を巻き起こした『あなたのために　いのちを支えるスープ』。二〇二四年二月現在六六刷、累計三七万部が刷られ、今も熱心に読まれている。二〇一七年には『続あなたのために　お粥は日本のポタージュです』も刊行された。

ちろん、看護の家族も安心して過ごすことができたのだ。

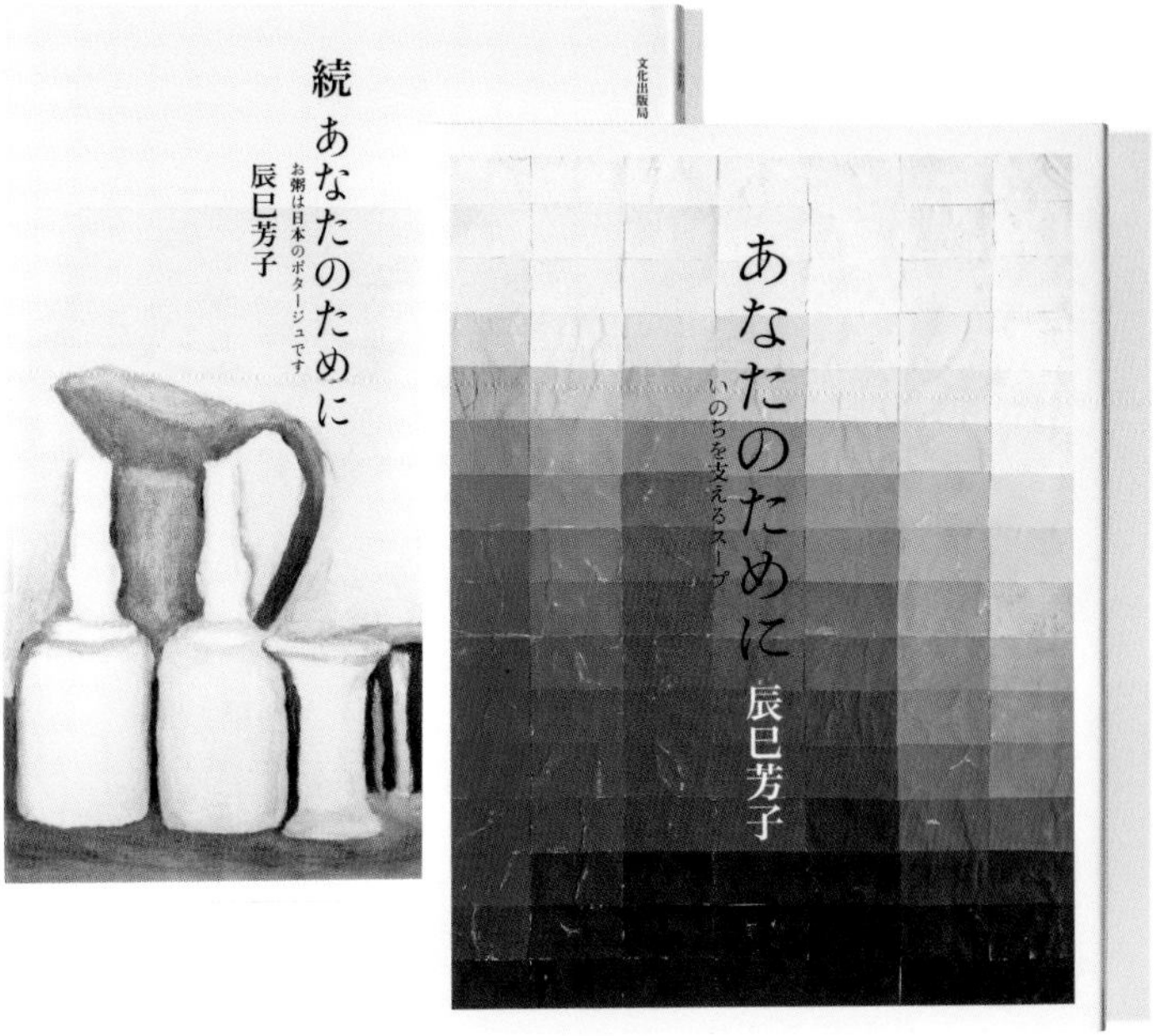

ある日の「スープの会」

「夏は気をつけてお出汁《だし》をひくようにしてくださいね。昆布やかつお節で簡単にひけるお出汁は日本だけですよ。こういうのが億劫になったら自分に疑問を持ってほしいのね。そういう自分を見つめ直してほしいわ」

模造紙に書かれたレシピの前で、辰巳は生徒たちに語りかける。鎌倉の辰巳邸、その居間で催された「スープの会」。いすに座りきれない人々は調理台の横にまで押し寄せ、真剣なまなざしを向けている。

最も弱い人間への慈しみに満ちたスープ。このスープの会の端緒は一九九六年、鎌倉に設立された訪問看護の病院の相談を受けたことに遡る。高齢者の栄養には「スープしか考えられない」と週一回、三〇人分のスープを供したのだった。

食べることを忘れた人々は、スープをきっかけに食べることを思い出し、スープに頼る人が増え続けた。辰巳は、ならば自分が死んでもスープを残そうと、料理教室「スープの会」を始めることに。

「人はなぜ食べなければならないかということをずっと考えてきました。ただ、呼吸と対比して考えると、呼吸と等しく食はいのちに組み込まれているという大事さだけはわかります。私は〝食べる〟ということは油差しではない、いのちの刷新だということを感じておりました。いのちを守るということは自分でしかできません。何か白い粉でだしの代りにするとかいうことはいのちを人に預けてしまうようなものです」

食べることとは、生きることとは——。辰巳の厳しくも優しい言葉が、教室に響く。

食べものは国の存亡に関わる。即ち食べものが国の根幹なのです。

24

人が生を受け、いのちを全うするまで、特に終りを安らかにゆかしめる一助となるのは、おつゆものと、スープであると、確信しております。

願わくは、日本の病院食に、この本が貢献しうる日がありますように。

スープを病院へ

高知・近森病院

「日本の病院食にスープを――」と、著書『あなたのために』につづってから四年後の二〇〇六年。高知・近森病院から、全入院患者六〇〇人へスープを供したいという申し出があった。きっかけは、看護師として共に働いていた仲間の闘病だ。ガンの病状が進み、食事がとれなくなっていたにもかかわらず、高知パレスホテルで行なわれた励ます会で、辰巳のレシピから田中秀典シェフが提供したにんじんのポタージュやポタージュ・ボン・ファムを出すと、おいしいと飲んでくれる。こんなにいいものだったら患者さん全員にスープを飲んでもらおうと、辰巳に相談を持ちかけたのだ。

近森正幸院長は、栄養状態が悪いと病気の回復が遅れることから、治療の基本は栄養と考え、医師、看護師、薬剤師などで栄養サポートチームと口のリハビリテーションチームを立ち上げ、熱心に活動をしていた。

「社会的使命がスープにはあり、社会のレベルアップにも効果があるのでは」聖路加国際病院の小児病棟で第一回のスープサービスを終えた辰巳は、もう一段階段を登ろうと、この申し出に応じることを決意。

地元鎌倉で七年間行なっていたスープサービスは三〇人分まで。六〇〇人分のスープ作りは、実際の作業において未知のことばかりだった。まず病院のスタッフが高知から鎌倉の辰巳邸に参集。調理講習を受けたスタッフは病院に戻り、五〇人分、一〇〇人分と試行錯誤は二か月間続いた。

八月下旬のその日、厨房では早朝六時から調理が始まった。近森病院の最上階の調理室は、いつもの調理スタッフだけでなく、東京からサポートにやって来た友人たち、プロジェクトを立ち上げた中心人物、副院長の北村龍彦先生、調理を任されている会社の金今淳さんなど、大勢が出入りしているにもかかわらず、静けさが漂う。

病態に合わせて用意されたスープは四種類。にんじんのポタージュ、なすと大麦のスープ、玄米スープ、しいたけスープだ。

「この四種類のスープには、共通して亜鉛という成分が高く含有されています。亜鉛は、人間が生きていくうえで必要なもので、微量元素として体の中に入っています。免疫力を高めたり、傷口を治したりするもので、この成分が非常に高い」

「また、にんじんのポタージュは特にビタミンが多い。そして、体を活性化させるカリウム、これはしいたけに非常に含有量が高く、総合的な判断として、健常者にも、傷病者にも、また高齢者にはうってつけのスープであるということが科学的にわかりました」栄養サポートチームの責任者、宮澤靖さんの説明はよどみない。

一段落したところで、辰巳は関係者を招集、机を囲む。「次回はクレソン、小松菜、小かぶのポタージュもいいわねえ。小さな玉ねぎはどうでしょうか、それに雑穀も入れて。青い野菜はビタミンが豊富です。ビタミンは床ずれによいのですよ」

午後五時半、患者さん一人一人に辰巳のメッセージカードを添えたスープがサービスされる。病室から大テーブルに来られた患者さんに語りかける辰巳。無言でなされた合掌に笑みがこぼれた。

今日のスープは お口にあいましたでしょうか
ほっとしていただけたらと
皆さまに心をこめてつくりました
また召し上がれるように いたしましょうね。
神さまは あって ある方です
私共の いのちも 同じです。
たしかな希望は ここにかかって おります。
十八年盛夏 近森にて
辰巳芳子
子（たつみよしこ）
料理研究家の草分け的存在だった母・浜子さんのもとで日本の家庭料理を学ぶ一方、シェフ数人について洋風料理を長く学ぶ。父の介護を通じてスープに開眼する。雑誌やテレビなどで料理を発表するのみならず、日本の食文化を世界のそれと比較してとらえる視点や食といのちのかかわりへの洞察をもって積極的に発言している。NPO「良い食材を伝える会」代表理事、「確かな味を造る会」最高顧問、「スープの会」を主宰し、自宅などで教室を開き、地域高齢者へのスを実施中。

スープを病院へ

病院食がスープにより改善されて、
病苦をしのいでいく支えになる所が
増えるということは、
これは人間の幸せのレベルアップだと思います。

入院患者全員にスープを提供したい。高知の近森病院の今回の試みは、看護師として共に働いていた仲間がガンの病にかかったのがきっかけでした。病状が進み、食事がとれなくなっていたにもかかわらず、高知パレスホテルで行なわれた励ます会で、辰巳さんのレシピから田中秀典シェフが提供したにんじんのポタージュやポタージュ・ボン・ファムを出すとおいしいと飲んでくれる。こんなにいいものだったら患者さん全員にスープを飲んでもらおうと、辰巳さんに相談を持ちかけたのです。また、近森正幸院長は、栄養状態が悪いと病気の回復が遅れることから、治療の基本は栄養と考え、医師、看護師、薬剤師などで栄養サポートチームと口のリハビリテーションチームを立ち上げ、熱心に活動をしていました。「社会的使命がスープにはあり、社会のレベルアップにも効果があるのでは」聖路加国際病院で第一回のスープサービスを終えた辰巳さんは、もう一段階段を登ろうと、この申し出に応じたのでした。

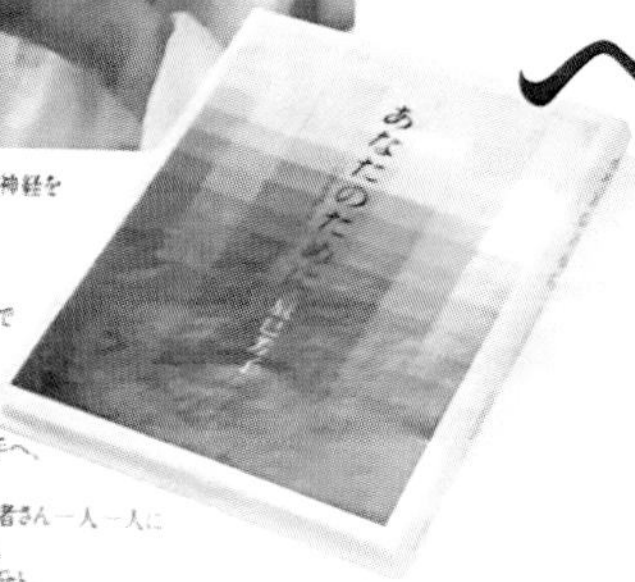

写真上 スープの匂い、味、色などに神経を
集中させる辰巳さん。
右 お父さまの介護をきっかけに、
鎌倉の自宅でのスープ教室や
地元の病院でのスープサービスなどで
練習を繰り返し完成した
『あなたのために いのちを支える
スープ』(文化出版局刊)。
家庭から病院、学校へ。人の手から手へ、
幸せが手渡されていく。
右ページ この日、近森病院では、患者さん一人一人に
辰巳さんのメッセージカードを添えて、
スープサービスをしていた。約300人分と、
最もたくさん調理したのが、このにんじんのポタージュ。

何かができる
というのは、
その方の
いのちの属性でしょう。

何もできなくなったとき、
その人の
本質だけになるのです。

スープを前にしたおばあさまの、

あんなに美しい合掌は
今までに見たことはありません。

あの合掌は、
あの方の
アイデンティティそのものです。

属性を神様に
返してしまっても、

何も嘆かなくても
いいのですよ。

辰巳芳子　珠玉のレシピ
Recipe 2

ポタージュ・ボン・ファム

ポタージュ・リエの元祖のようなものであるから、第一にこれを習得され、その後、他の種類を作られるとよい。ボン・ファムとは、「よい女性」という意味である。このスープの性格は、老幼男女、病弱の方、人生のあらゆる局面を守りうる包容力である。その〝万人に万事性〟に対して、いみじくも、この尊称を冠したと思う。

BEN·ECUM
EXTRA VERGINE DI OLIVA

■材料
じゃがいも　500g
玉ねぎ　150g
にんじん　180g
セロリの茎　180g
オリーブ油　大さじ3
鶏のブイヨン（または水）　6〜8カップ
ローリエ　1枚
牛乳　1〜2カップ
塩　小さじ2

■作り方
〔1〕玉ねぎは薄切り、じゃがいもは一センチほどのいちょう切り、にんじんは五ミリ幅の小口切り、セロリは三ミリ厚さの小口切りにする。じゃがいも、にんじんは順次、水に浸す。ただし一〇分以内にとどめる。セロリはさっと洗うだけ。
〔2〕油の半量を鍋に入れて弱火にかけ、まず玉ねぎだけを七分どおり火が通るまで蒸し炒めにし、ローリエを加える。ここに1のにんじん、セロリ、じゃがいもを順に加え、油を適宜補い、鍋ぶたを用い、ときどきかき混ぜつつ、七分どおり火を通す。おいおい野菜は透明度を増し、甘やかな香りが立ってくる。水分が不足するなら、少し水をさしてもかまわない。
〔3〕2に野菜類より少し上までくる分量のブイヨンを注ぎ入れ、半量の塩を加えて、やわらかくなるまで煮る。
〔4〕3の粗熱が取れたらローリエを除き、ミキサーにかける。その後、裏ごしを通せば、羽二重のようななめらかさになる。
〔5〕4を鍋に移し、残りのブイヨンの一部でミキサーの内側を洗い、これも鍋に入れる。鍋を火にかけ、残りのブイヨンと牛乳で濃度を調節し、塩で味を調える。
＊浮き実は、ブイヨンで温めた豆腐。

注）ポタージュ・リエ：ポタージュとは、スープ

の総称。リエとは「つないだ」という形容詞で、料理では「とろみをつけた」ものをいい、スープにおいては、つなぎをつけたポタージュ。すなわち、野菜類、穀類などをブイヨンでやわらかに炊き、これをつぶし合わせ、渾然一体化させ、とろみを帯びた状態になったものを、このように呼ぶ。

スープを病院へ

滋賀・彦根市立病院

二〇〇八年九月。鎌倉の辰巳芳子の自宅は、いつものスープ教室とはまた異なる熱気に満ちていた。滋賀・彦根市立病院の田村祐樹医師が呼びかけ人になって、一二もの緩和ケアの医療機関から関係者が参集し、辰巳のスープを学ぶ会が開かれていた。

緩和ケアとは、終末医療、ターミナルケアとも呼ばれるもので、治療を目的とした医療ではなく、症状（主にガン患者の）を和らげることを目的にした医療のこと。

「緩和ケア病棟にいて思うのは、ほんの一口二口のものが、患者さんの強い力になるということです」田村医師が口火を切る。

講習会の前に、三種のお茶と白粥が供された。お粥に添えられたのは、梅びしお、かつお節のでんぶ、卵黄のみそ漬け。「お粥はりっぱなポタージュです。添えましたのは、三種の

〝おなめ〟。病院でいいスープがあれば、あとはお粥のような主食と、このような〝おなめ〟で充分です」忘れかけている日本の優れた食文化にも、辰巳はさり気なく触れる。

メニューの最初は玄米スープ。「ご病人にお茶代りに飲ませていただきたいのは玄米スープです」材料は有機無農薬の玄米と天然昆布と梅干し。玄米を丁寧にいっていくと、次第に香ばしいにおいが部屋中を満たす。そのいり玄米に昆布、梅干し、水を加えて、静かに煎じること三〇分。

芳しくしみじみとした味わいに「尊い味がする」感嘆の声が静かにわき起こる。「何も食べられなくなったら、この玄米スープを四カップは召し上がっていただきたいですね」

しいたけスープ、一番出汁、にんじんのポタージュの講習の後、最後に振舞われたのは抹茶。「お抹茶一〇グラムは緑の野菜の一〇〇グラムにも匹敵するといわれています。野菜代りとして考えてもいいのではないでしょうか」と。病人にとって食べにくいのが青菜。しかし、緑のものは床ずれにも効果大とか。

緩和ケア病棟に対する流動食・半流動食の考え方を、水、お茶、煎汁、粥、ポタージュ・リエと分類した、メニューの例。食材の解説、効能、食べ心地やおいしさのための工夫を事細かに記した提案が関係者に伝えられた。

講習会から一年後、彦根市立病院八階、緩和ケア病棟の一画にあるキッチンで、田村医師は鍋に、家でいってきた玄米と昆布、梅干しを投入していた。「玄米スープやしいたけスープなど煎じるものは、回診しながら作ることができます。段取りと呼吸が少しずつわかってきました」

玄米のいい香りがあたりに立ち込める。でき上がったスープをワゴンにのせ、カップを用意し、病室に入っていく田村医師。「気持ちがふわっとします」「ああ、これはおいしいわ。私のような病人にはよろしいですな」と顔をほころばせる患者さんたち。「次のレシピもまた作ったら飲んでください」

「未来に通じる話は、患者さんには希望にも通じる気持ちのいい話。体の痛みを和らげるのはこんな気持ちのいい話で、気持ちのいい時を一分でも二分でも作ることがとても大事」と田村医師は言う。

一人一人に届けるスープサービスは、患者さんたちの大きな楽しみ、生きる力となった。「一口でも二口でも、口から入るということは強いんですよ。一口でも飲める。それが心の支えになる。なえていく気持ちが支えられる」

家庭から病院へ。人の手から手へ、幸せが手渡されていく。

病院でやるのとやらないのとでは、幸せの温度が違うんですよ。

スープを前にした患者さんの明るい声。おいしくて、ありがたくて、うきうきしている様子が伝わってくる。患者と医師という垣根も超えて、生への思いを引き出し、その人を支えるいのちのスープだ。

まの感
「ああ、これ
ような病人にはよ
昨日はお茶を上手にいわ
いた」と顔をほころばせるお
さま。
「次のレシピに挑戦してるんやけ
ど、また作ったら飲んでください」
それから一時間、大
ンの話を実に生き生きと
れた。その人なりの生活歴の
医師である自分と交わるものが見
日ごろ、病院食は味が薄い、
と言っていた患者さんにスープを
一口でも、口から入ると
一口でも飲める。
支えられる
スープを前にした患者さんの明るい声。おいしくて、ありがたくて、うきうきしてい
ってくる。患者と医師という垣根を瞬時に越えたようだった。

玄米スープ

辰巳芳子　珠玉のレシピ
Recipe 3

「いろいろなスープをいただいたけれど、あなたの、あのスープがいちばんおいしかった」

「兄が最期まで、これを喜んで……」

これらは、贅沢な味をさんざん知りつくした方々の言葉。一〇五歳で亡くなられた著名な芸術家の最晩年も、これを含む、煎汁の類をお孫さまが用意され、それで支えられた。

高齢、病弱以外にも、激務、学究の方、乳幼児などに湯茶代りにすすめるのは愛であろう。

■材料
無農薬、有機栽培の玄米をいったもの　80g（約½カップ）
天然昆布　5㎝角2〜3枚
梅干し（無農薬、有機栽培のもの）　1個（種なら3個）
水　5カップ
＊容器として、ほうろうのポットを用意。
＊無農薬、有機栽培の枠にかなう梅干しとして、和歌山県・龍神の梅をすすめる。塩は沖縄の「粟国の塩」を。

■玄米をいる

〔1〕いり玄米は、その都度作るものではなく、最低二カップはいり、瓶で保存し随時使えば、玄米スープほど手間いらずの煎汁はない。これで基本量の四回分くらいである。

玄米は洗って、四〇分ほど水につける。ざるに上げて六時間ほどおく。いる鍋は、厚手で油気のない平鍋が最適。鍋を中温でしっかり熱したら、火力は全開を10とすれば、6から7にする。ここに玄米を入れ、木しゃもじで万遍なく混ぜる。

洗って水分を含んでいるから、おいおい米に花が咲く。ピチッピチッという心地よい音もするはず。この音を聞き、香ばしい香りに包まれつつ、全体が小麦色程度になるまでにいる。きつね色では、成分がこわれるように思う。

■煎じ方

〔2〕ほうろうのポットにいり玄米、昆布、梅干し、水を入れ、火にかける。煮立つまでは中火、煮立ったら、ポットのふたを少々ずらし、ふつふつ煮立つ程度に火を落とし、三〇分ほど炊く。

炊き出す限界の見極めは、煎汁の味にもまして、炊き出している玄米を味わうとよくわかる。味が残りすぎていれば、煮出し不足である。

〔3〕2をただちに、こし器でこす。このエキスを温めた別のポットに移してすすめる。煎じたてに勝るものはない。とはいえ、温め直し、冷やして飲むことを禁じるわけではない。

＊好みによって塩少々を加えて煎じてもよい。

＊香ばしい玄米のうまみ、ほんのり梅干しの酸味。汲出し茶碗、ティーカップ、吸飲み、哺乳瓶、相手によって器も温度も、適切に対処なさるように。

＊当節、クール宅配便が便利になった。各種の煎汁は小分けにして冷凍。保冷剤も用いれば、遠く離れた大切な方に、「あなたのために」を贈ることができる。

スープの目標は優しさです

辰巳のスープ教室を巣立った六〇〇〇人にも及ぶ生徒たちは、今どのようにスープと向かい合っているのか。たとえ師である自分がいなくなっても、それぞれ、自分の本分を探し、互いに支え合って行動してほしい。そのためにもぜひ同窓会をと、辰巳は各地の生徒たちに呼びかけた。二〇〇九年新春、都内のホテルに二〇〇人が集い、同窓会が発足。その本意を辰巳はつづる。


スープの同窓会は、設立の目的も目標も方法も「優しさ」です。

つかみどころがなく、戸惑いをお感じになるのではないかと思います。

しかし、これはおつゆづくり・スープづくりから当然立ち上がってくるはずの命題なのです。人に対して、モノの世界に対して、技法に対して、優しさがなければ、おいしいスープはつくれないからです。

「やさしさ」の語源は、「逝く人」を惜しみ、憂える姿にあるそうです。愛と哀しみは不可分だからなのでしょう。

どうか、この後、「やさし・やさしい」とはどのようなことであるかを思い巡らし、深め、その体現にお励みください。

この会を通じて、優しさの気風が生まれ、育つことを願っております。

独りではなく、支え合って、優しさを創ってまいりましょう。

生涯かけてのことです――

あなたは「優しさ」とは何と思われますか――根源的な問いを発した辰巳に、生徒一人一人が文章で応じた。その宿題「優しさとは……」に、生徒から寄せられた作文の束。同窓会は「カイロス会」と名づけられた。

癒された人間でないと癒す人間になれません。癒しの行き着くところはおのずからなる安心立命です。

つなぐいのち　子《こ》どもたちとの時間《じかん》

食べ物という
生命に直結したところから
そのありようを真摯に問いかけてきた。

八〇歳を迎えるころ
篤《あつ》い心で取り組んだのは
「大豆一〇〇粒運動」。

子どもたちの手を借りて、
大豆をまこうという提言だ。
「良い食材を伝える会」

「スープの会」
と根は同じ、

食の安全性や
自給率など
深く憂えてのことだった。

今、切に願うことは
ただ一つ。
子どもたちに託す確かな食の未来——。

上田市立東塩田小学校　二年生の皆様へ

暑い夏でしたね。病気はなさいませんでしたか。宿題も、ちゃんと出来、揃って二学期を迎えていらっしゃると思います。

夏休みの間、皆さんの大豆畑は、誰か面倒を
見て下さったでしょう。大島なつきさんの
おじいさまでしょうか。
私は、あなた方が、豆を播いてくださったことが
うれしく、かんさつ日記を書いて下さったこと
で、そのうれしさは、三倍になっています。

上田市立東塩田小学校 二年生の皆様へ

辰巳芳子

暑い夏でしたね。病気はなさいませんでしたか。

宿題も、ちゃんと出来、揃って二学期を迎えていらっしゃると思います。

夏休みの間、皆さんの大豆畑は、誰が面倒を見て下さったのでしょう。大島なつきさんのおじいさまでしょうか。


私は、あなた方が、豆を播いてくださったことがうれしく、かんさつ日記を書いて下さったことで、そのうれしさは、三倍になっています。

とんでいって、皆さんのお顔を見て、頭をなでたいです。どうして、こんなにうれしいかというと。第一は、一粒の豆から何粒の豆が出来るかよく知って、自分が育てたものを味わう喜びを知ってほしかったからです。


生だった時の豆と、乾《ほ》した豆とでは、同じ豆と思えないほど味が違うこともね。

皆さんはきな粉が食べたいんですってね。みんななんて可愛いのでしょう。

きな粉にお砂糖と、ちょっと塩も加え、よくまぜて、あたたかい御飯にかけてみてください。

給食の時、おいしいおいしいって食べられると思いますよ。

大豆を育てられなかったクラスの子供達にも、わけてあげてくださいね。

第二は日記を書いてくださっているからです。その意味は、とても深いんですよ。


植物は、動いたり、声を出したりしないでしょう。このように静かな生きものが、少しずつ変わってゆくことを、注意深く見てゆくことは、あなた方が自分の頭と心をはげまして見る。発見してゆかなければ、見つけることは出来ません。自分の力で豆の背が高くなった、葉っぱが大きくなった、毛がはえた、花が咲いたと、気付いてゆかなければなりません。動かないもの、言葉を出さないものを、続けて見てゆく、日記にする価値は、これです。あなた方は、自分自身を働かせるけいこをしているのです。自分自身を、自分でエンジンかけられる人は、何があっても楽しく生きてゆかれます。私は、皆さんの上に、それをのぞんでおります。


私は、子供が大好きで、大切で大切でたまりません。

あんまり大切なので、いろいろ考えて、豆を播いてもらおうと考えつきました。

いつか「今日はぁー」って、会いにゆきます。その時、きな粉を一緒に食べましょうね。

大豆一〇〇粒運動

長野・上田市立東塩田小学校

「今日の仕事は草むしりと土寄せです。移植ごてで大豆の根もとに土を寄せてください。両側からかけてお山を作りまーす」

白い帽子をかぶった小さな頭が勢ぞろいする前で、近所で果樹農家を営む関基さんが、子どもたちに大きな声で作業の説明をしている。関さんはつい近年まで、たんぼの畦《あぜ》で大豆を育て、みそもつくっていた「大豆先生」。

辰巳の呼びかけに、長野を拠点とする信越放送が賛同し、「大豆一〇〇粒運動」が発足したのは二〇〇四年の春。思いをつなげようと参加を申し込んだ学校は、長野県を中心とする三〇を超える小学校。上田市立東塩田小学校もその一校だった。

畑では既に五〇センチほどの背丈に伸びた大豆が濃緑の葉っぱをそよがせて元気いっぱい。

草むしりをする子どもたちのかがんだ背丈とちょうど一緒くらい。小さな手が草を摘み、みるみる畑から雑草がなくなっていく。関さんが耕耘機を使って畑を耕しはじめると、耕耘機の左右から土が噴水のようにあふれ、その力強さに子どもたちから歓声が。

じりじりと強烈な太陽の下での作業は一時間ほど続き、手足を洗い教室に戻った後、給食までの時間を使って日記を書く子どもたちの顔は、真剣そのものだ。

「大豆は水やりはしなくていいと聞いてはいたけれど、二週間も雨が降らなくって、大丈夫かとみんなで畑に見に来たんです。でも、枯れてなかったんですよ。豆ってすごいね。こんなにすごいものが体の中に入るんだから、体にいいんだねえ」

担任の春原《すのはら》美佐子先生にとっても、発見や驚きは多かったよう。給食にも大豆料理は登場し、人気メニューの一番が「大豆とさつまいもの揚煮」とか。辰巳の大豆への思いが、子どもたちに届いている。

ようこそ、たつみよしこ先生！

「たつみ先生、お元気ですか。二年二組は大豆の収穫をしました。わたしたちは、ずんだもちを作りました。大豆の皮をむいたり、しらたまこをねったりしました。あまくておいしかったです。たつみ先生に作るところを見せたかったです。あそびにいらしてください」

それから半年後、ちびっこからすてきな招待状が舞い込んだ。日本の子どもたちの手を借りて大豆をまこうという「大豆一〇〇粒運動」の実践校の一つ、上田市立東塩田小学校二年二組の子どもたちからだ。

一二月のある日。色紙で飾りつけられた教室に辰巳が姿を現わすと、「あわてんぼうのサンタクロース」の軽快な音楽に乗って、子どもたちがダンスで歓迎。「まあ、皆さんなんてかわいらしいんでしょう！」と、みるみる顔をほころばせる。

脱穀が終わった大豆で、きな粉、きな粉クレープ、蒸しパン、おだんごなどの作り方をインターネットで調べて、きな粉料理に挑戦した子どもたち。「豆乳でプリンもできますよ」辰巳の言葉に、「ええー」とどよめきが。みんなお菓子が大好きだ。

今年の大豆を使って、父母が作った辰巳レシピのいり大豆ご飯（米にいり大豆を入れ、ほうじた枝番茶と塩少々を加えて炊いたもの）のおにぎりで、ちょっと早い昼食。大豆一〇〇粒運動を一緒に立ち上げた信越放送の取材も入って、にぎわいに満ちた一日となった。

辰巳がこの一二月に八〇歳の誕生日を迎えることを知った子どもたちは、「たつみ先生にお祝いのケーキを作りたい」と、当日の朝七時過ぎから集まってケーキを作っていた。最後はそのにぎやかな手作りケーキのサプライズプレゼント。

辰巳と子どもたちとの幸せな出会い。その場にいたすべての人たちの胸に、温かなものがふっくらと咲いた、そんなひとときだった。

絵・戸谷卓巳さん

早くたくさんの豆ができて、みんなが作った豆でおみそ汁ができるようになると
いいわね。

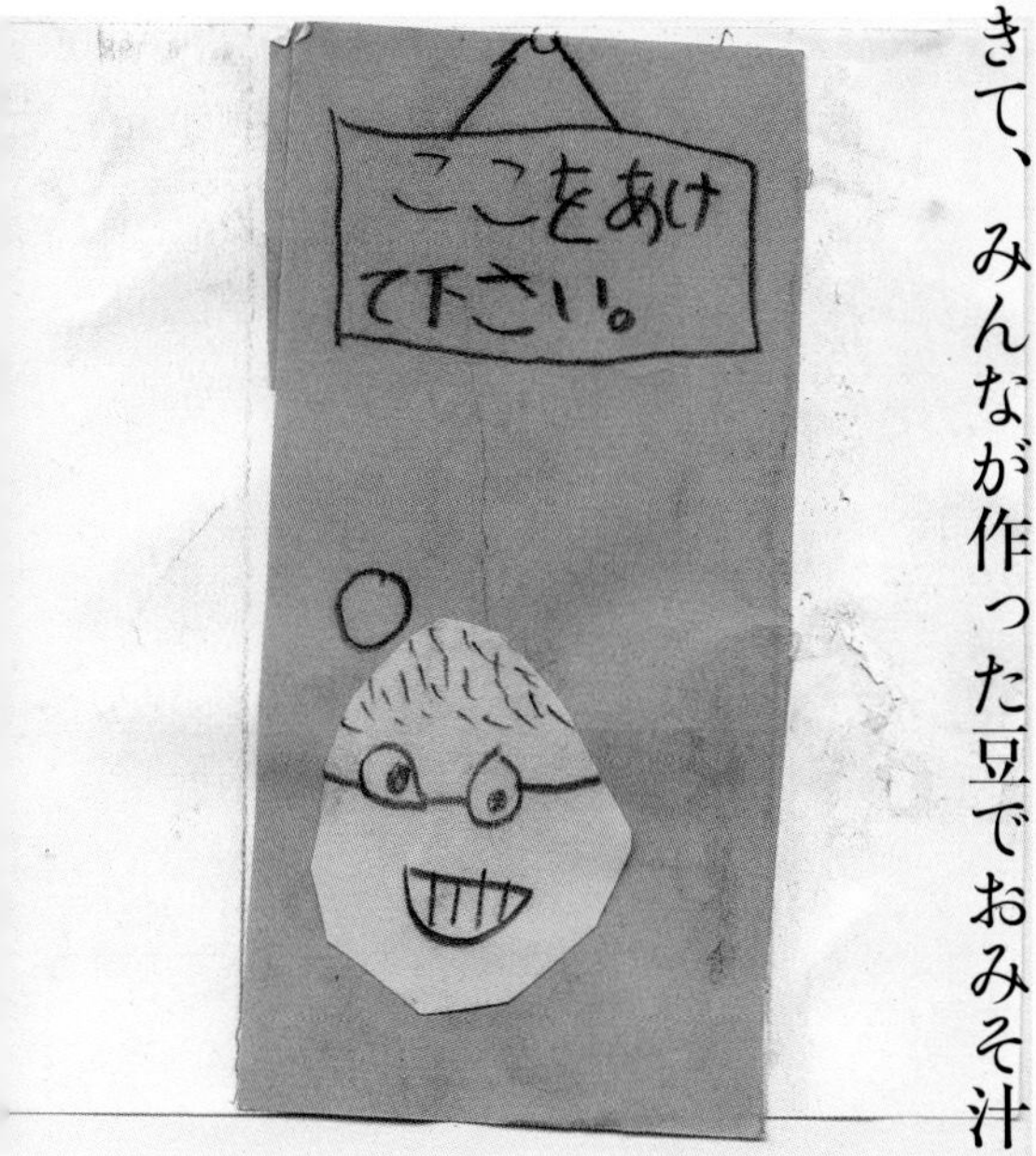

東塩田小学校 二年生の皆さんへ

辰巳芳子

皆さんそろって元気ですか。

学校は楽しそうですね。

先生が、そんなに、見たり、聞いたり、考えたり、そしてよくすることも、教えてくださるのだもの……。給食もおいしいのでしょ。

私は去年の一二月にあなた達のくださった、折り紙のネックレスを、枕もとに飾り、パッと寝て、パッと起きるので、とても元気です。

玄関に下げてくださった、「かんげいの言葉」は、居間にはってあります。

お客さん達、中でも芸術家達は「いいですねえ、かわいいですね」とほめてくださいます。

私はすっかりよろこんで、あなた方の自慢をしています。

二度目の人形達は気に入りましたか。

今度の大きい人形をかわいがって、前の小さな人形をさびしがらせていないか、ちょっと心配しています。

楽しいお芝居をつくり、人形さん達に、明るい言葉、良い言葉を話させてね。

人形達は、歌も上手、踊りも上手なんでしょ。

お芝居にはバック（背景）ってものがあると、ますます良い気分なのですよ。だからバックが画けるように、ターナーという名前の上等のポスターカラー、ペンキ用のブラシの大、中、小、紙は、建築用の青写真の裏紙を送ります。

大きな紙に腕をのびのびと大きく使って、アルプスやリンゴの木、そばの花、もちろん大豆さんも画いてください。

色々な形の雲を画くと、風が吹いてくるみたいよ。絵が画けたら見にゆきます。

四月には、新入生がはいるでしょ。かんげいのお芝居をしてあげられるといいわねえ。

みんな、おけがしないように、

びょうきしないように

春原先生をつかれさせないように、

会える日を楽しみに。

さようなら

子どもたちとつなぐいのち

食糧の自給率、食の安全性を深く憂えた辰巳は、子どもたちの手によって日本中に大豆をまこうと思い立つ。二〇〇四年四月、「大豆一〇〇粒運動」を発足。長野県で約二、〇〇〇名の小学生が畑に大豆をまいた。生命は、もろいもの。とりわけ、幼いいのちを大切にしたいと願う辰巳の「意志」は、全国に広がった。

上田市立東塩田小学校とはその後も温かな交流が続き、子どもたちは、収穫した大豆からずんだ餅やきな粉、納豆や豆腐も作った。新たないのちを下級生に伝える子どもたちの頼もしい姿を見てきた、その二年後の辰巳の言葉。

「小さな手で畑に大豆をまき、生育観察日記を懸命に書く子どもたちを見ていると、ことのほか愛しく思います。一粒の豆から何粒の豆ができるかを知って、自分が育てたものを味わう喜びを知ってほしい。こうして、観察日記を書くことは子どもの内発力を育てるのです。動物や昆虫のように動くものの観察を記録することは楽です。でも、植物は動いたり、声を出したりしないでしょう。それが少しずつ変わってゆくことを、注意深く見ていくには、自分の心と頭を励まして見る。動かないもの、声を出さないものの生育記録をとっていくことは、自分自身にエンジンをかけなければできないのです」

夏の暑い日、自分たちの背丈ほどになった大豆畑でかくれんぼをして楽しんだのに、一〇月に畑に行ってみると、大豆は葉も茎も黒くなっていた。それを見た子は、「大豆さんは、死んじゃったのかな。それとも、ほんとは、生きているのかな」と考え、先生がその疑問を授業で取り上げて、子どもたちといのちについて学習したこともあったのだとか。

「大豆を育てることで、先生は子どもたちに詩を書かせ、曲をつけてオペレッタを作ったり、皆で絵をかいたり。ある程度は予想していましたが、予想以上の手ごたえがありました。子どもたちが収穫した大豆を学校でそろって食べる。さらに、各風土で特質ある大豆の復活、振興を促し、いずれは地域の着実な〝底力〟となるようにと願う。大豆一〇〇粒運動は、かけがえのない私のテーマです」

辰巳芳子 珠玉のレシピ
Recipe 4

大豆と手羽先の煮込み

砂糖を使わない豆料理として、豚肉といんげん豆をトマト味で炊くポークビーンズに想を得、大豆を用いてみた。豆をゆでずに水にうるかした状態から肉や骨と炊くと、豆のあくが抑えられ、やわらかくなるのも早い。この手法はほかの豆と肉類を炊く場合にも応用したい。手羽先がおいしいゼラチン質を持っていて豆にうまさを添え、ハムやベーコンがあれば加えるといい。かくし味になる。

■材料

大豆　2カップ

手羽先　大なら6本、小なら8本

玉ねぎ　中1個

にんにく　1かけ

トマト　450g

ローリエ　2枚

サラダ油　¼カップ強

塩　少々

■下準備

〔1〕大豆は、五倍の水につけて一晩うるかす。

〔2〕手羽先は、手指の部分を関節で切りはずし、塩をふる（手指の先端を切り落とすほうが感じがよい）。

〔3〕玉ねぎはみじん切り（にんじん、セロリを用いるなら、同じくみじん切り）。

〔4〕トマトは、皮を湯むきして種子を取り、ざく切りにする。ただしこの料理は、トマトの盛りである真夏に食べたくなるものではない。したがって、完熟トマトを煮つめて冷凍保存したものか、イタリア系トマトの水煮缶を、そのまま用いることをすすめる。

■作り方

〔1〕フライパンにサラダ油をたっぷり熱し、手羽先をおいしそうな焦げ目がつくように焼く。この豆料理の味は、この手羽先の焼き方で決まるので、全面においしそうな焦げ目がつくようにし、焼けたものから順に、用意した厚手の煮込み用の鍋に移す。

〔2〕1のフライパンの余分の油を捨て、つぶしたにんにく、玉ねぎのみじん切り、ローリエを入れてよく炒める（にんじん、セロリを使うときは、同時に炒める）。

〔3〕煮込み鍋の手羽先の上に、炒めた2とうるかしておいた大豆を入れ、トマトを入れ、不足分の水分としてかぶる程度の水なり、スープなりを注

ぐ。火加減は、煮立つまでは10の火を5使い、煮えがついたら10の火を2くらいに落とし、しばらくあくをすくいながら炊く。

〔4〕あくをすくい終わったら、アルミ箔で鍋全体をおおい、火をほたる火にして、静かに炊く（トマトの水分だけで、おそらく水分は充分。途中でアルミ箔のふたをはずしてあくをすくいながら、もし水分が不足していたら補う）。

〔5〕豆が充分やわらかくなったら塩を加え、二〇分ほど炊いて火を止める。

＊この料理は、炊きたてより半日か一日たって食べるほうがおいしい。

＊盛りつけるときに、色よくゆでたいんげんを添える。

Recipe 5
辰巳芳子 珠玉のレシピ

あさりの豆乳入りみそ汁 小鍋仕立て

大豆の滋養を汁ものに取り入れるには、豆自体よりも豆乳、豆腐、湯葉を用いてゆくのが賢いと思う。豆乳は、国内産大豆のものは渋みがかるく、用いやすい。豆乳には白みそがよく合う。ここでも、ふくさみそ仕立てにしてある。

材料に麩が取り入れてあるのは、貝と野菜類の取持ち役としてである。食べ物にも取持ち役は必要で、中継ぎとして麩、えび芋、八つ頭などが入ると、鍋全体として和みが生じ、食べ進みやすいものである。

■材料
あさり　500g
（塩少々、レモン1片、清酒少々）
鍋仕立ての汁
あさりの返し汁　1カップ
昆布出汁　9カップ
豆乳　2カップ
みそ（白みそ7、辛みそ3の割合）　適宜
具
粟麩、白菜、かぶ、青のり、三つ葉　各適宜
薬味
七味、柚子　各適宜

■作り方
〔1〕あさりはひたひたの塩水につけて砂出しする。塩をふり、殻どうしをこすり合わせるようにして洗うことを二〜三回繰り返し、そのとき、レモン一片も入れる。
〔2〕1のあさりをざるに上げ、平鍋に入れて火にかける。鍋が熱くなってきたら、酒をふり入れ、ふたをして蒸し煮する。貝の口が開いたら取り出し、残った汁に水、または昆布出汁少々を加えて、分量の返し汁を用意する。
〔3〕具の用意をする。粟麩は適宜小口から切る。白菜は一枚ずつはがし、葉先と軸に分けて、湯引く。かぶは皮をむいて四つ割りにするが、皮は二度むきすることを忘れずに。これを、塩を加えてゆでるが、八分どおりゆだったところで火を止め、余熱で火を通す。青のりや三つ葉は、長さをそろえて切る。以上とあさりを美しく盛りつける。
〔4〕鍋に張る汁を用意する。昆布出汁に2のあさりの返し汁を加えて吸い地程度に調え、白みそと辛みそを合わせて溶き入れる。この汁を鍋に張り、温めたところに豆乳を加える。
〔5〕4の汁であさりと各種の具を温める程度に煮、七味や柚子の薬味でいただく。

辰巳芳子　珠玉のレシピ
Recipe 6

しじみ汁

おいしくみそ汁を作り、食すには——。あって当り前の、みそ汁の真価を知ろうとしてほしい。そのみそ汁を、ぜひおいしく作り、心ゆくまで養いたい、養われたいと望んでほしい。日本大豆で作ったみその中から、自分の好みを探し、せめて二種、できれば三種常備する。出汁は必ず自前でなければ落ち着けない人になってほしい。具材は旬に即し、とりわけ季節を知らせる薬味、吸い口を気づかってほしい。

みそ汁は煮え立ちばなが身上。時間差のある家庭の食事でも、各自煮え立ちばなを食せる、簡便な方法はある。

■材料

しじみ　5人分で400gくらい

（塩、レモン汁、日本酒または白ぶどう酒各適宜）

八丁みそまたは中辛みそ　一椀につき大さじ1

■下準備

〔1〕しじみはさっと一度水洗いした後、貝の上をひたひたにおおう分量の、海水に近い濃度の塩水に浸し、四時間くらいおいて汚れを吐かせる。元気のよい貝なら、管を突き出し、音を立てて潮を吹く。

〔2〕汚れを吐かせたものは、たっぷりと塩をふり、貝と貝をこすり合わせて、貝の外側の汚れを除く。場合により二〜三回繰り返す。さらにここで、レモン汁をかけ回すと、大抵のにおいは和らぐ。

■作り方

〔1〕清潔にしたものを平鍋に移し、火にかける。鍋が熱してきたら、日本酒または白ぶどう酒をふ

りかけ、鍋ぶたをし、強火で貝の口を開け、ただちに火を止める。この作業を「返す」という。口を開いた貝をよく見て、もし砂があれば、この返し汁で一つ一つ洗って用いる。
〔2〕返し汁をこし、水を加えて熱し、みそを溶き入れ、しじみを戻して温める。吸い口には粉ざんしょうを。

辰巳家《たつみけ》の道具《どうぐ》・うつわ語《がた》り

辰巳の食卓を彩る
さまざまな
道具とうつわたち。

母、浜子の代のものばかりか、
顔も知らない
ご先祖様からのものも。

それらを手にとる辰巳の手は
慈しみにあふれている。

使い抜いてきたといううつわは
小さな欠けもひびもなく、
本当に大切にされてきたことを思わせる。

道具は単なる道具ではない。
家族の記憶を刻む、かけがえのない存在。

辰巳家の道具語り、
父と母と、
祖父と祖母と曽祖母と、
語り継がれた
先祖の思い出とともに。

加賀藩主・前田家の家臣であった辰巳家のお雑煮は、四〇〇年以上昔から伝わる簡素な作り方だ。切り餅を昆布だしで煮て、刻んだせりと削りがつおをのせておいしい一番だしを注ぐ。お祝い膳の向うに置かれた家紋入りの通い重は、辰巳家に伝わる重箱の一つ。「大晦日に母がおせちを盛り込んで、親戚や知合いへのお届け物に使っていました」

いのちを守ってきた鍋のこと

鍋中に円くおさまっているのは、戦時中、昭和十五年頃から一日おきに焼いていた我が家のパンデカンパーニュ。母三十六歳頃。食卓に、必携食に、おやつに、弁当に。特に空襲時、これ一個が防空壕に鎮座しているのといないのと、まことに生死を分つほどの頼り甲斐であった。

材料は、自家製の小麦を馬糧屋で挽いてもらった、ごく粗い全粒粉、塩、サラダ油、ふくらし粉、水。天火はなく、アルマイト合金の、直径二十八センチ、厚さ七ミリほどの両手鍋。鍋蓋は、ふくらみのある重厚なもの。

この鍋は、私が十歳頃「今日は清水舞台から飛び降りてしまった」と言って買ってきたもの。厚手であるのに重すぎず、職人技の合金の練り方ゆえに、銅に準ずる火のまわり。玉子焼はむろん、ローストチキン、煮サラダ、トマト焼き、ホットケーキ。命の綱のような鍋であった。鍋を使いこなしていた手応えから「うん、あの鍋でならパンが焼ける」と計算がたったのであろう。パンデカンパーニュというものを一目も見聞したことがないにもかかわらず、一度の失敗もせず、焼けて当たり前の如く、カンパーニュは生まれた。外国帰りの方に「こんなに美味しいパン、日本に帰って初めて」と褒められたこともある。

当時、自家製の小麦を同じ馬糧屋で粉にしてもらった人達は、すいとん、茹でればお蚕さんの形にちぎれてしまう煮込みうどんにして食べておられた。それはつらい食べものであった。すいとんも、お蚕うどんも弁当には当然ならず、空襲ともなれば火は焚けず、為すすべがなかった、心理的にも息詰まった。パンデカンパーニュとは、天地の差であった。

石ころだらけの耕地を耕し、小麦二俵百二十キロ、さつまいも、そばを一つ耕地を用いて交互に作り、家の食料は常に余裕があった。戦後母は鍋を手にして「これでパンを焼いたものね」など、一言も言わなかった。同じく石臼を挽いた労苦にもふれなかった。何故だろう。

亡くなる二、三日前、「ああ、私は身体を使い切った」と言い、続けて「これからの私の務めは、お父様が死をおそれないようにしてあげること」と言った。私はこの言葉の前で、今も身動きが出来なくなる。

想えば想うほど、命題を全うした母が見えてくる。（『暮しの向付』より）

戦後母は鍋を手にして「これでパンを焼いたものね」など、一言も言わなかった。同じく石臼を挽いた労苦にもふれなかった。何故だろう。

直径二八センチ、高さ七センチの黒光りする厚手合金のアルマイトの両手鍋。辰巳家名物〃たっぷり卵の心臓焼き〃を作ったのも、戦時中、母が自家農園で得た小麦をひき、パンを焼いて食べさせてくれたのもこの鍋だった。「母は自分で育てた小麦をひいてこの鍋でパンデカンパーニュを焼き、黒ごまのペーストを塗り、子どもたちはそれを腰に下げて学徒動員に出かけました。家族のいのちを守ってくれた鍋なのです」

これは私のひいおばあさんが言わず語らず苦楽をわかちあった鍋です。

母方の曽祖母から伝わる銅の打出し鍋。辰巳芳子で四代目、辰巳家の代々の女たちと共にあった、辰巳家で最も古い鍋だ。母の浜子は、バザーのときこの鍋で大量の小豆を煮て、ぜんざいを振舞った。辰巳がこの鍋にいっぱいのドミグラスソースを作ったとき、玉ねぎのにおいがつくと母が顔をしかめた思い出も。

ずっと大切なうつわのこと

辰巳家には、何世代にもわたって受け継がれてきたうつわが数多く存在する。いつも食卓の中心にあって、その時々の家族の食欲を満たしてきた。宝物のような記憶とともに、辰巳の手もとにあるうつわたち。

「これは一度見ておいてほしいの」

いとおしそうに抱えて持ち出された箱には「よし子」と書かれた一枚の札がくくりつけてある。大切に真綿にくるまれた、薄くて美しい菓子鉢。

辰巳が四〇代のころ、母と出かけた伝統工芸展。そこで出会ったのが、呉藤友乗作、この独楽塗りの菓子器だった。「あなた、これ欲しいかい」と聞いて、選んでくれたうつわなのだとか。

「薄くて、ものすごく軽いの。いったい誰が挽いたものかしら？」

漆を塗る前は、木地から光が透けたのではと思わせる紙のような繊細さ。見事な木地師の腕前、そして薄い欅の肌を生かして軽やかに仕上げた塗師《ぬし》の感性。凜とした気迫が伝わる菓子器だ。

当時、辰巳は病の後で体力もなく、自分の生き方を決められないでいた時期。母は、仕事のきわみを感じさせる菓子器を通して、無言の励ましを送りたかったのではないだろうか。その心を、辰巳は真摯に受け止めたに違いない。

涼しげな夏の菓子器
朝顔に虫模様の夏の菓子器は、曾祖父母の代のまたその前から伝わる九谷焼。肌の調子も、絵を描く釉の具合も柔らかで優しい。「これはすごく大事にしているの。涼しげな朝顔の青もいいし、虫も念を入れて描いてあるのよ」

憧れの徳利

大好きな九谷の徳利は、寒い場所の産ゆえか蓋付き。辰巳が小さいころから、来客があると出てくるのを憧れの眼差しで見つめてきたものだ。玉菊に蝶々の図柄で蓋にも小さな蝶が一羽。「そういえば大事にしすぎて、これで飲んだことはないの。一度やらねば」

家族の真ん中に

清らかな白い肌に伸び伸びとした筆致で描かれた絵付け。存在感のある染付け鉢は、神田の生まれだった母方の曽祖母が使い、母・浜子へ手渡された鉢。「おからや切干し大根の煮物など、どっさり盛られて、いつも家族の真ん中にあったわねえ。大鉢なのに薄くて、ここまで達者な絵付けは見たことがない。とても使いやすい煮物鉢なの」

生まれたての命のためのお食い初めのお茶碗は、待たれていた命であるというしるし。辰巳の母・浜子が生まれてくる娘のために選んだのがこの赤いお碗だった。「母って不思議な人だと思うのね。二〇歳そこそこでこんなに美しいものを選びえた。弟には麦わら手（左の写真）。糸底の大きさに目をつけ、人生をしっかり受け止められるようにと願ったのでしょう」

物語の銘々皿
元朝の正月、真塗りの折敷に朱の盃、重詰めの取分けは決まって、古九谷の銘々皿を使った。辰巳家に伝わる、青閑作の二〇枚一組の小皿。克明な写実で、苗代作りから、田植え、稔りの秋、脱穀、籾摺りなど、米作りの手順を一枚一枚に描く。

うつわに息づく記憶
五枚の葉の形が微妙に異なる、一〇代三輪休雪手びねりの萩・木の葉皿（右）や、先祖から伝わる桑の茶びつと葵模様の万古の茶托（左）など、辰巳家のうつわはどれもよく使い込まれている。「飾るだけの道具は持っていても仕方がない。道具は人間との関係で生きているものでしょ。うちの道具は幸せですよ。使って使い抜いた道具だもの」家族の記憶が、うつわの中に息づいている。

丁寧な生活がないと、うつわの扱い方が身につかない。伝わるべき日本の美しいものも伝わっていかない。

フランス帰りの祖父の洋皿。父方の祖父が明治時代、有田の香蘭社に特注した一式。皿の裏には海軍の錨マークが。辰巳の祖父は明治二〇年代、フランスに一一年間滞在し、造船学を学んで帰国後、佐世保で海軍工廠長を務めた人物。「日本で最初にディナー皿が作られたのは大正時代といいますから、たぶん日本の洋食器のはしりでしょう」

辰巳芳子《たつみよしこ》　写真《しゃしん》で語る自分史《じぶんし》

私は外国へ行ったら、その民族が生きてきた道筋にあった料理を探して歩く。そして、それを一つのお手本として、日本の食べ方の欠点を直そうとする。民族がそれぞれに生きてきた道筋にあったお料理って、知れば知るほど本当に面白いのよ。

以前、イタリアに勉強に行くと決まった時、イタリア料理を数々見るというつもりはなかった。ミケランジェロはひとりであれだけのものを作れたでしょう。一体彼は何を食べ、何が彼の力になったのかということを確かめに行ったのです。

風土が育む食に興味
リアで料理を習い、
度か訪れる。スペイ
地方の旅で羊たちに
さん、早速羊飼いに
群れを先導した。

辰巳芳子
写真で語る自分史

1924
誕生

一九二四年一二月、
父・芳雄、母・浜子の長女として
東京・目黒に生まれた。
慈しまれた幼年期から少女期、
戦争と病気療養の若き時代を経て
天賦の才と修業、意志と信念、
そして素晴らしい出会いが
「辰巳芳子」を作り上げてきた。
大正、昭和、平成の激動の時代、
一歩一歩、歩んできたその人生を
古いアルバムをひもときながら、
自身の言葉で振り返る。

自分を待つのです。本当の自分が現われてくるのを待つのです。

愛された日々の記憶

祖父が描いたという幼い日の辰巳。前こごみのおぼつかなさがいっそう愛らしく感じられる。

「ゆらゆらして、やっと、立つことができるようになったころでしょうか」

いつも大島を着ていた祖父のひざの中はふんわり居心地がよく、その感覚は今も鮮烈だ。

「幼いころ、いかに愛されたか。愛の日々の思い出は人の存在を支えるものですよ」

幼年〜少女時代

辰巳芳子
写真で語る自分史

東京・目黒の長者丸で、家族と過ごした幼年時代。ことのほか愛された祖父の記憶が胸に残るという。辰巳の家は加賀前田家の家臣で、祖父はフランスの造船造機大学へ留学し、日本帝国最初の軍艦を造った。その後親仏派と見られて予備役に回され、後に三菱造船の創立に携わるも、四〇代で病気のため引退。家庭生活では、大勢の子どもを遺して二人の妻に病で先立たれる重い人生を歩んだ人だった。

三つ子の魂百まで、といわれ、「汝、幼き時に神を見よ」という諺《ことわざ》もあるように、幼いころに印象的な自然や人間のまことに出会うことが、人の魂を開くのではないでしょうか。私にとって、それは祖父だったと思うのです。

朝になると、近くに住む祖父は私を迎えに来て、夕方まで一緒に過ごします。庭先で植木鉢をひっくり返し、植物の根を見せてくれたり、大切なコンパスを使って時計を作っては、時間の読み方を教えたり。お夕飯のときは祖父のひざの上で、いろいろな酒肴を少しずつなめさせました。この時の熟れ味への開眼は、五〇歳からの生ハム作りの下地になったはずです。

時に祖父の家に泊まることもありました。寝るときは手をつないでるのに、朝になると手が離れているのはどうしてだろう。ずっと

1920s
片時も離れることなく祖父と過ごした日々

三、四歳のころ、祖父と一緒によく長者丸の町を散歩した。きもの姿の祖父はいつも衿に絹のストールを巻き、孫娘は背に人形をおんぶして歩く。夏になると気に入りのあやめ柄のきものに絹の日傘。祖父と過ごす時間は静かで、この上もない平和に満たされていた。

祖父には、私を〝子どもだから〟と扱うことがなかった。一つの人格として扱われたと思うのです。

朝まで手をつないでいたいのにね。

祖父には、私を〝子どもだから〟と扱うことがなかった。それは他の人とは違ったわね。一つの人格として扱われたと思うのです。祖父は幼い時に実の母を亡くし、若くして死んでいく妻の哀れも見ている。人生で思うようにならないことをたくさん経験してるだけに、私を愛惜する気持ちから、行く先々までも深く考えていたのでしょう。

そんな祖父が亡くなったのは、私が五歳の時。それは、この世に身の置きどころがないほどの喪失感でした。人は自分の存在の核に据え置くものがなければ生きていかれない。私はそういう感覚を持ってしまったから、存在の核のもとに、一日一日を暮らしていましたから、失ったときは胸に穴があいたようでした。

祖父の代りとして、存在の真ん中に据え置く人を探したけれど得られなかった。

その後は子どもながらに長い長い「魂の旅」をしていました。道野辺には目を慰める花もありましたし、ベンチもありましたが、私は旅装をとかなかった。とけなかった。ほんとの「無私」をさがしていたようです。

幼いころに印象的な自然や人間のまことに出会うことが、人の魂を開くのではないでしょうか。

1930s
好きなきものとフランス人形

聖心女子学院に通っていた小学校時代。家にはよくなじみの呉服屋が訪れ、祖母や叔母たちと母が楽しげに反物を選んでいた。

お人形遊びはいつも孤児院ごっこ。いっぱい並べたお人形の間を、忙しい忙しいとお世話して働いていたという。

この写真は小学六年のころ、かわいがっていたお人形と一緒に庭先で。

辰巳芳子
写真で語る自分史
幼年〜少女時代

そして、やっとイエス様の中に見いだしました。高一くらいの時でしょうね。それで私はやっと落ち着きました。
人は大人になると、子どものころのことは、忘れがちですが、子どもの心は思ったより深く、それを言葉にする術《すべ》を知らないのです。そのゆえに想いはよるべなく、天を仰ぎ、地に求めても癒されるという類のものではないのです。
私が子どもをかわいがる、大切にするのは、このゆえです。どの子も抱きしめてあげたいの。

母がこよなく愛した人形
母の浜子が幼いころ、大倉家（大倉家は日本の大財閥の一つ）にごあいさつに出かけた際いただいた人形は、有栖川の宮家ゆかりの品であった。「はまこちゃん」と名づけて、母亡き後も辰巳は愛しく見守る。

人は、自分の存在の核に据え置くものを持たずに、生きることはできません。きっちり出会っていないと、それは、不思議な空虚感を誘うものだと思います。

母方の親族と
むつまじいひととき

長者丸で生まれ育った母の浜子は七人きょうだいの長女。実家はいつもにぎやかだった。この日は母方の親族で集まり、記念写真。

このユーモラスな並び方はいったい誰の発案だったのだろう。いちばん左が父、ほぼ真ん中に浜子、右から二番目に芳子と弟が並ぶ。

病のとき

写真で語る自分史

辰巳芳子

戦後、辰巳は保育者の道を歩み、国立教育研究所の実験保育室に勤めるが、そこで結核を発症する。後に慶應大学の心理学科へ入学するも、一年目に再発し、一五年間の療養生活を送った。

二五歳から四〇歳といえば、いろんなことをいちばん充実してできる時期を最も無為に過ごさざるをえなかった。でも、今役立っていることもありますね。本を深読する習慣ですね。

病気の終りごろ、私を助けたのは、フランクル著・霜山徳爾訳の『夜と霧』でした。

自らは求めぬ、ほうり込まれたような困難と苦悩の状況を、フランクルは深層心理学的に、観察、理解を示すのです。その事実の展開は、病気という拘束状態にあった私を真に力づけました。

時空と人間的状況を超えての共有というものもあるのです。

もともと大学で専攻した実験心理学は、物理学と生理学の間をいくような分野です。私はわりあいと人間を生物として考えるのが好きで、そうすると気持ちにゆとりができる。生物としての自分を考えると、一歩引いて見られるから、渦中の人にならないのですよ。

病と向き合うときも、そんなに焦らない。自分がしなければならないのは、静かに寝ていること、時間割を決めて生活すること、そ

生物としての自分を考えると、一歩引いて見られるから、渦中の人にならないのですよ。

闘病という意識では暮らしていなかった。

1940〜50s
幼児教育への夢、
若いいのちと
向き合った日々

(上)二〇代半ばで結核を発症、いのちと向き合う日々が続く。ドイツ人のテオドール・ガブリエル神父がよく見舞いに来てくださった。

(下)目黒の国立教育研究所で保育者への道を歩みだしたころ。戦後間もない長者丸の町には若者たちの活気があり、復興への夢があふれていた。町の運動会にて。

の中でお祈りをして……と一日一日を重ねていくよりほか仕方がないものね。だから、闘病という意識では暮らしていなかった。そういう不遇というものを捧げる生き方があるんですよ。

私が学んだ聖心女子学院には、掃除、洗濯と生活全般のことが円滑にいくよう働いている助修女の方たちがいらしたんです。朝、生徒が朝礼を済ませて廊下を歩いていると、一人のシスターが神父様のもとへ定時に朝食のセットを運ばれるのに出会います。夕方、帰るころには洗濯場で山のような靴下を洗濯板で洗っておいでのシスターを見る。子ども心に、なぜ、あんなことができるのか、と思うところがあったのね。

本当に捧げるだけの姿。それは逆境にある私を支えてくれました。あの方たちは自分の生涯を捧げても、おそらくこの世で捧げの実りを味わうことはなかったと思いますけれどね。先のことはわからないけれど、私も何もできなくなっても、あの方たちのおかげで、たぶんお捧げしているだろうと思うのです。

辰巳芳子
写真で語る自分史

加藤先生の教え

療養生活を経て、母・浜子を手伝うようになる。そのころ、レデンプトール修道会の修道士が料理を習いにおいでになり、家でフランス料理の勉強会も始めた。大正から昭和初期、宮内省大膳寮で仕事をされた恩師・加藤正之先生に、一三年間指導を受ける。その教えが、後に父のいのちを支えるスープに結びつく。

加藤先生の御人格そのもののお言葉は、「料理は二五年やって、やっと自分の足らないところがわかる。五〇年やって、やっと思うようなものができるようになる」と。亡くなられる寸前の言葉で、御遺言として大切にしております。

先生はスープと野菜だけで一四年という修業をなさり、「これらができれば、肉も魚もただちにできる」が口癖でした。ことにスープというものは献立の最初に出すもので、非常に印象的なものであるから、絶対においしくとおっしゃったわね。

スープと野菜は非常に力を入れ、とても丁寧に教えてくださった。

先生はスープと野菜だけで一四年という修業をなさり、「これらができれば、肉も魚もただちにできる」が口癖でした。

辰巳芳子
写真で語る自分史

加藤先生の教え

たとえばセロリを一株丸ごと煮るクラシックなお料理があって、セロリをゆでるのは一一分と、時間をきっちり指示する。野菜は何センチのいちょう切り、何ミリの小口切りに切ってくださいと。だから、私も野菜を持ったら、何センチに切ろうかなと自然に思ってしまうものね。薄切りとか、ざくざく切るということはないんです。

料理以前の「わきまえ事」は母に教わったけれど、加藤先生はその上に料理の「法則」を教えてくださった。やはり一点、一画をおろそかにしないということ。そして、そうすれば味は自然に生まれるのだと。加藤先生から私は、スープに向かうときの姿勢、態度というものを教わりました。

1960s
いのちを支える
スープとの出会い

鎌倉の雪ノ下大御堂から浄明寺に移り住んだころ。フランス料理の恩師・加藤正之さんを家に招いて、一か月に一度、十数人の生徒が集まった。フランス料理をフルコースで習い、ことにスープの大切さを教えられた。写真中央が加藤正之さん。その手前は母・浜子。

料理以前の「わきまえ事」は母に教わったけれど、加藤先生はその上に料理の「法則」を教えてくださった。

母から伝えられたもの

写真で語る自分史

辰巳芳子

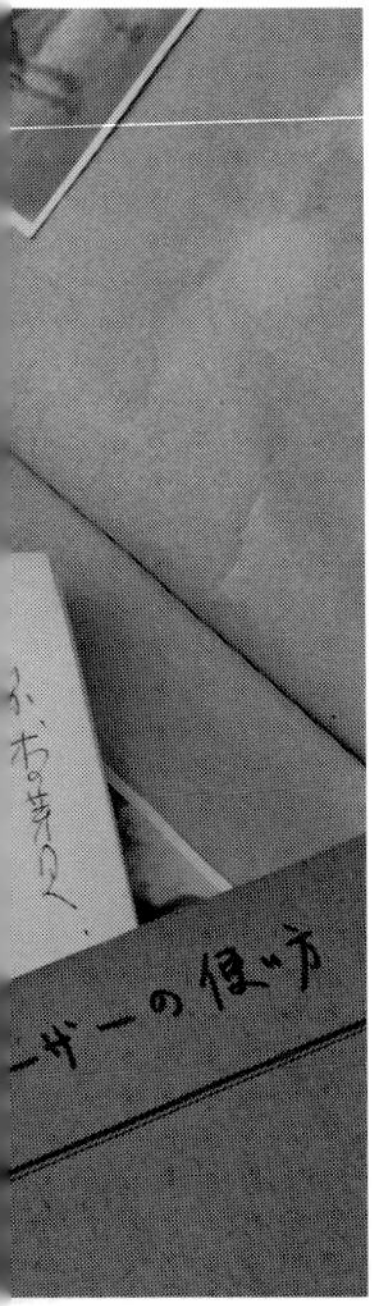

母と同じ料理の道へ

母の浜子が料理家になったのは五〇歳を過ぎてから。四〇代にして、娘の芳子も同じ道を歩みはじめた。

浜子の著書『娘につたえる私の味』を母娘で眺める。

初版が刊行されたとき、母は愉快げに笑いながら、「芳子へ　見れば味がわかるでしょ。母より」と書いてくれた。

料理に関して私が母からあれこれ言われたのは、女学校くらいまででした。その代り小さい時から火鉢の火を扱いながらいろいろと教えてくれて、それで私は今、皆さんにスープの火加減をお教えできると思うのです。

記録して記憶する
母のノート
辰巳の手もとに残る母の膨大なノート。記録をすることで様々な見聞を整理し、検証して、記憶にすり込まれ、必要な時に自在に取り出すことができたのでは、と辰巳は語る。アルバムに残る後ろ姿の写真は、疎開先の名古屋で農作業中のもの。この地での体験が東京に帰った後も役立ち、暮しを守るよすがとなった。

風土と食

写真で語る自分史

辰巳芳子

風土がはぐくむ食に興味をひかれ、イタリア、スペインを勉強した日々。食文化とは、すなわち風土と人間の関係にあると辰巳は思う。二〇〇〇年六月には独日協会の招きでドイツを訪れた。

若いころから私は、民族が生きてきた道筋の食方法に興味を持っていました。それゆえ和洋の世界にとらわれず、イタリアで料理を習い、スペインへも何度か訪れた。その中で生ハムと出会い、鎌倉でも生ハム作りを手がけたのです。

二〇〇〇年に独日協会の依頼で日本の食文化紹介のため、ドイツへ行きました。日本の食文化とドイツの食文化は接点が考えにくいのです。比較文化は、接点がないと、紹介しにくいのです。食における、精神文化という接点をつくりました。

一つは、千利休の茶の湯の精神です。「雪月花にとりわけ友を思う。これ茶の湯の要諦なり」という古い言葉があります。これはただ自然の推移のことでなく、人生の雪月花にもたとえ、いかなる時も心を込めて人さまに心添えするということ。そのようにして愛を表わすことが茶の湯の悟りであるという教えですね。

さらにもう一つは、道元禅師の『典座《てんぞ》教訓』です。道元さんは典座、つまり僧院の台所での作務を下働きの仕事とはせず修行の一環

比較文化は、接点がないと、紹介しにくいのです。食における、精神文化という接点をつくりました。

1980s〜

風土がはぐくむ食文化を訪ねて

(上) スペインのアラゴン地方を旅して、羊たちに出会う。さっそく羊飼いに杖を借りて、群れを先導した。おじいさんにソーセージの作り方をしみじみ習ったことも懐かしいと辰巳は語る。

(下) 二〇〇〇年六月、独日協会の招きでドイツ北西部を訪れた。ベルリンでは日本の食文化を紹介する講演をし、実技も披露した。

に取り入れています。典座の責任は高位聖職者でないと任ぜられず、それだけ台所仕事というものを大事にされた。料理とは物に従い、無心にならないとできない。我を落とす修行でもあるのです。道元さんは中国に渡った際、僧院でしいたけを干している老僧に、これこそが修行の場なのだと言われたという。そうした話にキリスト教国のドイツのかたがたは共感し、日本の食文化を受け入れられたようです。

そして、二〇〇五年九月には再びドイツを旅し、有機生産の現状と市場の関係を見てきました。デットモルトの国立栄養食品研究所では、教授がドイツの麦とパンの歴史をきっちり講義してくださったんです。ドイツは上質の小麦を育てにくい風土で、どのようにしたらおいしいパンを得られるか工夫の連続であったこと、そのために品種改善に取り組まれたことを話されました。二〇種くらいのパンを作り、切り口の断面を見せ、配合した穀類の種類も示してくださった。素人であり、異国の人である私どもに自分の国のことを知ってもらおうという姿勢、誠実そのものの対応にはとても感心しましたね。

辰巳芳子
写真で語る自分史

いのち、尊く

七〇歳を迎えた一九九〇年代半ば以降の、辰巳の活躍は誰もが知るとおりだ。母譲りの料理の天分と訓練、本人も時々意識するという、正義と平等を尊ぶ辰巳家の侍の血。高い社会意識といのちを愛おしむ心。時代が必要としていた、辰巳芳子という生き方。二〇一一年の東日本大震災直後に行なわれた、非常食の特別講習の様子にも、それが色濃く現われている。

「地獄炊き、知っている人いますか。お湯を沸かして、その中にといだお米を入れて炊く方法です。炊上りの時間が全く違いますよ。非常時にぴったりのやり方です」四月初旬、辰巳芳子の震災後初めてのスープ教室は急遽、非常食の稽古に。いつ何時、何があるかわからないから――と。さらに辰巳はご飯に梅干しを入れて炊くことを提案した。「梅干しには抗菌力がありますから。天変地異があると、動物に飲ませる水も危うくなります。梅を入れるなど工夫が必要です」

今回の震災で、私は、食は生死を分かつということを直観いたしました。それが、食べるということの厳粛なる点だと思います。

辰巳芳子
写真で語る自分史
いのち、
尊く

卓上には、既にたっぷりのかつお節と貫禄充分の鍋が一つ。この鍋で〝かつぶし田麩《でんぶ》〟と〝根性鉄火みそ〟用のかつお節を軽くいる。実はこの二つの料理も鍋も母譲りだ。〝かつぶし田麩〟は、戦地に赴いた夫の、そばを「たまらなく食いたい」という願いをかなえようと作り上げた、「湯を差せば即刻つゆになる」つゆの素。そば、のり、七味などと木箱に詰めて戦地に送ったものだった。

かつお節は、だし用のものとは違い、鉄分の多い、血合いの混じったものを用意。「かつお節は必ずいって使ってください。生臭みが消えますから」かつお節を軽くもんで粉がつおに。軽やかな音と同時にいい匂いが部屋中に立ちこめる。

「一回ずつの仕事にするのではなく、二袋くらいいっぺんにいって冷凍してください。おひたしにふりかけてもいいですし、いざという時に役立ちますよ」鍋に粉がつおと調味料を加え、焦げないように弱火で炊いていけばでき上り。

もう一品、〝根性鉄火みそ〟は、野菜を「ごま状に細かく」刻み、さらにみそを加え、鍋に焼きつけてさらさらに。完成までにたっぷり二時間。しかしその味たるや――。

「今回の震災で、私は、食は生死を分かつということを直観いたしました。それが、食べるということの厳粛なる点だと思います」

何でも一代ではできない。辰巳芳子は三代にしてできた。代を重ねると、自然に人さまのお役に立つものができてくる。

2010s〜

いのち、尊く

母の浜子は戦時中、配給ガスの蛍火を利用して粗びきの全粒粉でパンを焼き、日々の食卓、防空壕での緊急食、男たちの必携食と、あらゆる戦禍に対応させた。震災後初の教室で辰巳が行なった講習は、さながら、母の才覚の再現だった。

辰巳芳子《たつみよしこ》　対談録《たいだんろく》

辰巳芳子
玄侑宗久

対談録①『ミセス』二〇〇四年一〇月号より

小説家・僧侶

いのちをはぐくむもの

スープ、子ども、母性をめぐる

心の宿る場所

辰巳　なぜスープが喜ばしいものであるかといえば、食べ物の中で最も母乳に近いものだからです。人間の食べ物の吸収は腸で行なわれて、母乳がいちばん吸収しやすいといいますね。

玄侑　確かに腸で吸収される成分がいちばん多いですね。心というのは脳にあると思われがちですが、口から腸に至る管に心が宿ると考える学者たちもいます。何かそれもわかるような気がしますね。心の安定を促すセロトニンという分泌物も、脳と腸に最も多いらしいです。

母乳というのは、しかしうまくもなければまずくもない。そこがすごいですよね。いくらでも飲めるものというのは、まずくないのは無論ですが、「うまい」と思うようでもいけないんじゃないか。いわば、人間に好き嫌いを起こさせないほどに根源的なんでしょうね。

ところでご著書のスープの本を読ませていただきましたが、ほんとうに根源的なことが書かれていて。内容はもちろんですけど、サクサクと包丁の音が聞こえてくるような、文章のキレがいいといいますか……。

辰巳　あの本の後は、もういろいろ書かないつもりで、半ば遺言ぐらいのつもりで書いたんです。ですから、どちらにでも解釈できるような言葉は使いませんでした。「これ以外は言いようがない」というように、言葉を選んで。

玄侑　それが文章全体を凛々《りり》しくさせているのでしょう。「残したい言葉」という思いも伝わってきました。

辰巳「食べつかせる」そういう言葉は残しました。それから「つゆを絞る」といいますが、やっぱりこれは「したむ」ですね。物を水につけてもどすのは「うるかす」「ほとびらかす」とか。

玄侑　ほとびらかす?

辰巳「ほとびる」というのは、花が開くような印象があって、母はとてもそれを好んで、「ほとびらかす」と。でも、字引にないからと、書いても削られてしまうこともありまして。

玄侑　言葉をなくしたら、その実体もなくなっていきますね。

辰巳　そうです。特にお料理の場合は、作業への心づかいも含んだ実体ということですけど、心づかいがそういう言葉の中にはあるのです。今は保存食といいますが「仕込み物」という言葉のほうが私は好きです。物に仕えていく態度、物に従っていく態度がありますから。「込める」というのは、身も心も込めていく。普通のお料理と違って、保存系のものに「仕込み物」という言葉を使ったのは、実に当を得ていると思います。

私、台所仕事を選んで、よかったと思っているのは、我を通さず、そのものその時に自分を従わせていく、そしていちばんよい結果を生み出そうとする中で、いろんなことを身につけていかれることなんです。そういう稽古がたくさんたまっていると、無意識にでも、受容力が備わった人になれるのではないかと。だから、『あなたのためにいのちを支えるスープ』という本は、食べさせる人のためよりむしろ作る人のための本なんです。そうでなければ、お料理、適当にやればいいということになります。ほんとうにいい人になれるという含みがなければね。

玄侑　道元禅師が台所の心構えについて書いた書物に『典座教訓』があります。ここに書かれているのは、主に作る側の心づかいのことですけれども、いただくほうはどうなのかというと、ひどいことが書いてありました。比丘《びく》の口は竈《かまど》のごとしと。香木でも雑木でも同じように燃やしてしまうのが竈です。修行僧の口というのは竈みたいなもの。つまり、これは香木だこれは雑木だと識別して表明することは切に忌まなきゃいけないと。

道元禅師は、いい悪い、多い少ない、と言うことをとことんいさめています。おいしいまずいも振舞われた側は絶対言ってはいけないとされています。すると心を込めて作るということも、そのおいしさを感じ取ってお礼を言われることが目的ではなくなりますね。

辰巳　道元さんの、人間の感じ方に対する対処の仕方というか、態度にはとても興味があります。つまり、自分に向かってくる喜怒哀楽は感情のどん底まで入れてしまわないという、その訓練は必要だと思っています。同じように、おでこの前くらいで受け止めていく、それはとてもよい訓練だと思っています。

玄侑　道元禅師も、人は三つの心を持たなければいけないというふうにおっしゃるんです。一つめが「喜心」、喜ぶ心。二つめが「老心」、親が子どもを慈悲深く見つめるように見る心。三つめが「大心」、大きな心というのは、おもしろいんですけど、「春声にひかれて春沢に遊ばず、秋色を見るといえども更に秋心なし」という表現があります。春の、例えば鳥の鳴き声とかを聞いて心躍る気持ちがあっても、だからといって春の沢まで出ていってはしゃぎ回ったりはしない。秋の景色に寂しさを感じても、心の中まで寂しくなったりはしない。

ある部分では感覚を研ぎ澄ませなきゃいけないけれども、ある部分では非常に気にしなくならなきゃいけないというところがあって、その辺のかねあいなのかなと思いますね。

辰巳　バランスですね。

玄侑　スープをいただく一番の功徳はほっとすることだと書かれていますけど、人と人とが接していちばん大きないただき物は、ほっとすることだと思うんです。これはあまり敏感な状態からはいただけない。やっぱりさっきの大心だと思います。

大豆を育てる意味

辰巳　どうぞ熱いうちに召し上がってください。なすと大麦のスープです。暑気払いになっております。これは、世界救世教の人が育てている大麦です。有機栽培、無農薬。あちらのグループのかたが作ったものはちょっとありがたいものです。

玄侑　「大豆一〇〇粒運動」を提唱されているんですね。

辰巳　日本の食材のことが気になりだしたのは一九六四年の東京オリンピックの後でしたね。食べたら害があるのがわかっているものを子どもに与えなきゃならない状況というのは、それこそ、神を父というお祈りはできなくなります。仏教家も仏の慈悲は説けない、言えませんですよ。食べたらこうなるとわかっているものを与えていたら。

だから、なんとか汚れていないもので暮らしていきなさいと。子どもの手でも作りやすいものといえば大豆ですから。今は一〇〇粒ですけど、三〇〇粒まけば、おみそもつくれるときが来るのではないかと思っています。私は、野火のように、日本中の小学生が大豆をまいてくれるのを期待しております。

それからもう一つは、大豆が育っていく生育観察記録を子どもにつけてもらう。それを一年ぽっきりでなく、六年生になるまで繰り返して続ければ、子どもの感応力にスイッチが入ります。自身も、自分の成長を確かめられますしね。

玄侑　一年と六年では、えらい違いでしょうね。

辰巳　一つの事象を六年間経過観察するということは、非常に幸せな人間になれる可能性が開けると思っています。なぜかというと、観察記録というのは、物事をきっちり意識にとどめる、きっちり意識に上らせるということは、つまり無意識の分量が増えるということなんです。

玄侑　意識に上らせることを習慣化していくと、それが次第に無意識に入っていくということですね。

辰巳　無意識の分量が増えなければ感応力は育たないんです。人間のおもしろさというのは感応力にあると思いますね。豊かな、いい個性がそこにでき上がって、その人自身も幸せですし、周りの人々も幸せになります。それから国家的にも、力のある人間が育てば、これはたいしたことです。

玄侑　私たちには摂心というのがありますでしょう。ひと月に一回、一週間は、毎日一五時間くらい坐禅するというきつい時期がありますが、その時期に入ると食を控えます。ですから「腹が減っては戦はできぬ」という言葉って、いつできたかわからないですけど、腹が一杯だったら戦はできません。動物もそうですね。戦をするのは常に腹が減ったときですから。特に冬場の摂心の時期は食べ物に体が敏感に反応するんです。食べ終わって一〇分かそこらすると、もう温かくなりますから。

辰巳　私がいちばんそれを感じたのは、七草粥。お粥を用意しておいて庭に七草を摘みに出て、ぱっと刻んでいただく。その時の体の反応の仕方。背骨のところから、温かいものがだーっと走りました。

玄侑　臘八《ろうはつ》の大摂心《おおぜっしん》のときにいただくけんちん汁というのは、食べているそばから熱くなりますね。この油の使い方がすごいんです。汁物ができ上がって、火を止める直前に油をどどっと入れます。栄養分の少ない若い男たちには油がものすごくごちそうなものですから。それがあっという間に熱になっていくという感じがありましたね。そんな状況では、それまででっちあげていた自己がなくなります。だから心の感応力も高まって生命力が溢れてくる気がします。

辰巳　食べて「あっ、なんだかやる気が出た」って、大事ですよね。そう感じること自体が、自分自身を信じられるもとになっていくんじゃないですか。自分の生命力を信じられてはじめて、空転しない希望が育ちます。ここに愛が生まれ育ちます。

ですから子どもたちも、「自分の可能性は底知れないぞ」と、自分の成長をつぶさに見たらば思うでしょうね。連続日記でかなりの効果がありそう。やった子とやらない子と、大変な違いになっちゃうな。

母性と父性

辰巳　今度お目にかかったら伺ってみたいと思っていたことが一つあるんです。私はカトリックの修道女の学校で育ちましたから、感覚的に非常に西欧的なんです。ですから、自然界と自分の間に目に見えない線を持っていたと思うんです。それが、だんだんこのごろになって取れてしまって、自分が自然の中の一粒であることに非常に平和を感じるようになったんですね。これは何かなあと思うのですが。

玄侑　遠藤周作さんがキリスト教をずっと信仰されていて、どんどん日本化していきましたね。私は、遠藤周作さんのものを読んで全く抵抗ないんです。ああいうふうにキリスト教が語られるならば、少なくともカトリックはほんとにお仲間だなという感じがします。
遠藤周作さんはローマ教皇に会われたことがあって、その時に、仏教を学びなさいよと言われたそうです。仏教の中にキリスト教があるから、と。これはすごい。やっぱりローマ教皇だけのことはあるなと思いました。

辰巳 そうですか。

玄侑 「自分」という言葉は「自然の分身」という言葉を短縮したんだそうですね。西欧的な自己というものは完全に自然から独立していますけど。

辰巳 環境の問題に取り組んでいるかたが、共存とか、共生とおっしゃいますが、根のところは、仏教的な自然観を持たないと、どこまでいっても小手先の共存、共生になるような気がします。

玄侑 男女共生という言葉も非常になじまないですね。もう別だということを前提に、共生という言葉を持ってきてますでしょう。そりゃ別なんですけど、区別がわからなくなるというくらいの一体感というんですか、そこを体験として持たないと、なんか違うような気がするんですね。

辰巳 それからもう一つ。今、女のつちめ（大地質）が非常に荒廃しています。

玄侑 「母性の危機」というんでしょうか。女性性というよりは、むしろ母性。仏教に限らず、行を何のためにやるかというと、元々は、女性しか持っていない能力を我々男も欲しい、といってやっていたんです。即物的に言うと、懐妊の能力なんですね。もうちょっと抽象的に言うと、異物をはぐくむ能力。異物を受け入れて、しかも……。

辰巳 受容力ね。

玄侑 そうです。異物と知りながらそこに栄養を与えるという、とんでもないことが女性にはできるわけです。その能力がおそらく慈悲のモデルなんですね。そういう能力を男も欲しいものだといって、ずっと行をしてきたんですよ。

辰巳 私、今の話、すばらしいと思う。昨日から考えていたんです。今、女が悔い改めて、永遠に女性なるものを奪回しなければならないと。では、男性なるもの、父性なるものは何でしょう。

玄侑　父性ですか……。

辰巳　男の人って、創造ということの主導権と責務を負っておられるでしょう。それは抜き差しならないものなんですよね。だから、大きな同情を男の人に持たなければならないと思います。

玄侑　いやあ、そう言っていただける機会は、今、ないですから、（笑）とてもうれしいですね。男女共生といったときには、そういう配慮はないですね。〝やたらな平等観〟というものの中では、男も女も満たされないものが残るんじゃないでしょうか。父性なるものが社会の中で、今、ほとんど認められてないでしょう。

人間が、もともとどうしようもなく持っている権力欲ってあると思うんです。権力欲というと大仰ですけど、威厳というか、そういうものを発露する場所がないために、弱者に、いじめという姿で出てくるような気もします。

辰巳　男の性をもっと宗教的にも、哲学的にも、社会的にも、生物学的にも、よーく深めてみなきゃいけない。そうすることによって女性自身も女性性がわかってくるんじゃないですか。

玄侑　一九七〇年代くらいから、男の子に「男の子らしくしなさい」ということが言えなくなったみたいです。それを言うことは差別だみたいな情けない風潮がずっと続いているわけです。でも、雄と生まれたからには、一人前の雄になる以外に大人になる方法はないわけですよ。そこをやっぱり深めないといけないと思います。

モデルをどこに探せばいいのかと思うときに、私は時々動物の世界にそれを求めたりしますけどね。でも、動物も変わったやつがいまして。（笑）いやあ、カッコウの托卵なんてね。

辰巳　何ですか？

玄侑　ほかの鳥の巣に卵を産みつけちゃうわけです。カッコウの卵はちょっと大きめなんですけど、ヨシキリなんかは知らずに温めますよね。で、カッコウが先に孵《かえ》って、そばにある卵を外に出すというのが、もう本能としてあるんですよ。それからすると、人間の母性もまだ大丈夫かな、なんて楽観しちゃうから困ります。カッコウの父性は知りませんが。

辰巳　永遠に女性なるものは、命にかかわること。生命に対する敏感さだと思うのですが、男性なるものとはいったい何なのでしょうね。

玄侑　ううん、難しい。最近は余計な生き物なんじゃないかとさえ思うんですが、……やっぱり非日常への対処でしょうか。それによって女性の管理する日常を膨らませていく？　だけどこのごろ、非日常というか、危機がないから見せ場がありませんね。

玄侑宗久（げんゆう・そうきゅう）
一九五六年福島県三春町生れ。慶應義塾大学中国文学科卒。さまざまな仕事を経験したあと、京都天龍寺専門道場に入門。現在は臨済宗妙心寺派の福聚寺住職。デビュー作「水の舳先」が芥川賞候補となり、二〇〇一年、「中陰の花」で芥川賞を受賞。二〇一四年、『光の山』で芸術選奨文部科学大臣賞。仏教や禅にまつわるエッセイや対談本も多く、近著は『むすんでひらいて　今、求められる仏教の智慧』（集英社）、また小説作品では『桃太郎のユーウツ』（朝日新聞出版）がある。京都・花園大学文学部仏教学科客員教授、新潟薬科大学応用生命科学部客員教授、東日本大震災復興構想会議委員も務める。

辰巳芳子
細谷亮太

小児科医

対談録②『ミセス』二〇一一年八月号より

いのちの目指すところ

次の世代に伝えていきたい

恥ずかしさを自然に身につける

辰巳　以前、東京・江戸川区にある有名な産科の病院、まつしま病院の院長先生に伺ったのですが、今の妊婦さんたちの家庭から手作りの食が遠ざかっていて、野菜といえばサラダで、おひたしや煮物はほとんど食べていない。おみそ汁もだしからひかない。食生活が非常に粗末で、しかも体が冷えないようにするといった配慮もない。だから、お産の時に陣痛が来ない人が多いんだそうです。そういう人たちをおふろに入れて温めて、つぼにお灸をすえるなどして陣痛を促す。陣痛が起きたら起きたで、今度は異常分娩が多いので、油断もすきもあったものではないとおっしゃっていました。昨年はこういった食生活が危ぶまれるいろんなケースに触れる機会がございましたから、二〇代から六〇代のかたがた五〇〇名に対して、食生活の調査をしたんです。朝昼晩三食それぞれに、「食べたもの」「食べたいもの」「食べなければならないもの」を書いてもらい、さらに料理を作らない理由として「面倒くさい」「作り方を知らない」「時間がない」といった項目を作ってチェックしてもらう、相当〝こってり〟とした調査をしたんですが、若い人たちはおひたしを食べている人もいなければ、煮っころがしなどの煮物を食べている人もいない。夕飯がお菓子とコーヒーだけでも平気。「食」は「呼吸」と等しく生命の仕組みに組み込まれているものです。生物学者の福岡伸一先生もおっしゃっているように、一食ごとに生命の刷新につながっていくものなのに、若者はおろか、次の世代を生み出す妊婦さんまでこうでは、いのちを守ることが難しい世の中になったと感じています。

細谷　今、日本の若い人の中で、手作りの朝ごはんをちゃんと食べて、お昼は働いているから職場の近くで外食するにしても、夜、家に帰ってまた手作りのごはんを食べるという人は皆無に近いんじゃないですか。食べるものに時間や手間をかける余裕がない、やせているお母さんが増えて、生まれてきた子どもが低体重になっていることが多い。以前は太りすぎは妊娠中毒症になるからダイエットしなさいと言われていましたが、今は、体重が増加したことを産婦人科のお医者さんが注意すると、ほんとうにきっちりとダイエットしてしまう。おいしいものを食べていないから、ダイエットしやすい環境にあるのでしょうね。昔は着るものも食べるものも手間ひまかけることがあたりまえでした。電気釜もなく、母がかまどでご飯を炊くのを見ていて、その大変さ、ご飯のありがたみがわかったものですが、今は電気釜に入れておけばでき上がる。その分、時間はできたはずなのに、残った時間でおいしいおかずを作ろうとは思わない。外で買ってきたお惣菜ですませてしまう。味に関しても「これくらいだったらいいか」と思うレベルが低くなっているんですね。

辰巳　それにしても、どんな分野でも取るに足らないことをちゃんと手間ひまかけてやらなければ、物事は全うしないものです。私のお香の先生が、「恥ずかしさを知らない間に物は習わなくてはね」とよくおっしゃったのです。今、かわいそうなぐらい、手足を使う順序を知らない人が増えている。二〇歳を過ぎた人に、「鍋のしまい方は、こうすればきっちりとうまく戸棚に収まるのよ」と言ってもいられない……。教えるのも嫌だし、きっと教わるのも嫌でしょう。でも、それができないから、台所仕事がだんだん嫌になるんです。

細谷　私たちの仕事も、医者になりたての一年目だから聞けること、二年目までだったら聞いても恥ずかしくないこと、というのがあります。例えば、りんご一個にカリウムがどのくらい含まれているかは、もちろん教科書には書いてあるのですが、日常の診療の中で、腎臓のぐあいが悪くなった人がりんごを食べたいと言ったときに、「りんごにはカリウムがどのくらい含まれてるんでしたっけ」と若い時だったら先輩に聞くことができます（編集部注　りんごにはカリウムが豊富に含まれているが、腎臓機能が低下している人は余分なカリウムをうまく排泄できなくなり、体に悪影響を及ぼすことがある）。でも、ずっと仕事をしてきた人が、周囲の医者に聞くのはなかなか難しい。僕くらい年取ってきますと、「あれっ、ちょっと忘れちゃった。カリウムってどのくらい含まれてたんだっけ？」（笑）って聞けますけどね。ですから辰巳先生がおっしゃるように、日常の中でのお皿の洗い方とか、玉ねぎをブラウンになるまで長時間いためるときには、水分が飛んで量が減るにつれてだんだんお鍋を小さくしていって、大きなお鍋をあけた後は洗ってしまいなさいとか、そういったことはやっぱり小さいころから母親と一緒にやっていないと体に入っていかないと思います。

辰巳　お料理するときもその辺り中散らかって、散らかって。かたづけながら料理するってことを知らないんですね。だから、もううんざりしてしまうんですよ。

細谷　女性が年ごろになると子どもを産んで育て、五〇歳か六〇歳くらいにいのちがなくなる時代に比べ、今はみんな高学歴になってきて、男性と同じように仕事をする時代です。そして、そのための準備期間として、いい中学、高校に入るために勉強に追われ、台所に入る機会が減っています。それは男もそうなのですが。うちの父親なんかは昔から「男は台所に入るな」と言っていましたが、僕は台所が大好きだったんです。（笑）いちばん最初の母親との思い出は、僕がちょうど母親のお尻に顔が当たるくらい小さかったときに、母がウールの少し地が厚いスカートをはいていて、お鍋を洗ったりお料理をしながらお尻を振って遊んでくれるのがうれしかったこと。母親がいつもいる台所が好きだったし、お料理も嫌いではなかった。僕が台所に入るのを父親が認めたのは、小学生くらいの時かな、チャーハンを作って食べさせてあげたら「まあ、これくらいちゃんと料理ができるほうがいいかもしれない」と言って、それから許してもらえたんです。結局、食べ物に関する思い出や、食べ物を通じてつながった人との思い出、そういった話が、親と子をつないでいたと思うんです。うちの父親は、じゃがいもにわかめを入れただけのシンプルなおみおつけが好きだったんですが、それは、戦地でとてもおなかがすいていたときにじゃがいものおみそ汁を飲んで、こんなにおいしいものはないと思ったからだそうです。食べるたびにその話を僕は聞いてきました。昔は、ごはんをしっかり作って、みんなでこれはおいしいとか、どうやって作ったのとか、この食べ物についてはこんな思い出があるとか話しながら食べていたものです。

辰巳　考えてみると、料理に関して私が母からあれこれ言われたのは、女学校時代くらいまででしたね。「食べて、見て、そのうえ教えてもらわなきゃできないなんて、人間をやめるよりほかしかたがないわね」と言って料理は教えてくれなかった。その代わり、小さい時からおやつを食べるときに火鉢の火を扱いながら、お餅を焼くときはこうよ、おせんべいを焼くときはこう、豆を煮るときはこのように炭の上に灰をかける、干物を焼くときには強火の遠火で焼くのよといろいろと教えてくれて、それでんです。私は今、皆さんにスープの火加減をお教えできると思う強火でお教えになるのね。大体の人が火加減を解説するときに、弱火、中火、〇までで説明します。私は火加減をゼロも入れて一いう言い方ができるのは、一〇の火を二使うとか、三使うと思います。母の火鉢の教育のおかげだと

細谷　僕は食事をするときに「その箸の汚れ方は何だ」とよく注意されました。昔のお殿さまは、お箸の先を一寸くらいしか汚さずに食べていたそうです。でも、僕はどんなに言われても箸の持ち方が下手で、鉛筆を握るのと同じように握ってしまう。そのほうがお豆やごまなどの小さなものまで取りやすいんです。「ちゃんと取れるからいいんだ」と主張しても「できるということときれいさということは違うんだから、ちゃんと持ちなさい」と言われて。(笑)そんなわけでお箸の持ち方は下手くそなんですけど、できるだけ先のほうを使って、上まで汚さないように食べようと心がけています。おふろだって、僕はバスタオルを使いましたが、父親なんかは、「昔の職人さんは、手ぬぐい一本できれいに入って、最後にパンパンってはたくのが粋っていわれたものだ」と言っていましたね。生活の至る所で、こうしたほうがきれいだという美学を日本人は持っていたのだと思います。それがなくなりつつあることは、とても寂しいですね。

いのちを尊ぶ食

辰巳　日本列島のあちこちに貝塚がありますが、貝塚ができるほど貝を食べ込んだ民族って日本人以外にいないんじゃないでしょうか。日本人の神経って、爆発的な集中力には適していないかもしれないけど、静かな集中力を継続させていく力は持っているような気がするんです。貝って神経を養うんでございますよね。

細谷　栄養はとってもありますね。それから、潮干狩りのように、楽しみながらおいしいものを収穫するという習慣も、海外ではあまり見られないものですよね。アメリカのヒューストンに住んでいたとき、ガルヴェストンという港町があって、砂浜に行くと桜貝のような小さな貝がたくさん採れた。アメリカでは大きな貝を蒸して食べることはあっても、小さな貝を使う料理はないんです。日系二世のおばあさんたちから「食べられる」と聞いて、その貝を拾って砂を充分吐かせてからおみそ汁にしたら、しじみと同じような味がして、とってもおいしかったんです。

辰巳　日本では小松菜がおいしくなる季節においしい貝が出回りますから、母がよく小松菜とあさりのからしあえを作ってくれていました。この二つの食材を合わせるというのは、江戸の食べ方だと思う。小松菜は江戸時代の初期に、現在の江戸川区の小松川付近で品種改良が行なわれて栽培が始まったんですよね。何でもおいしく食べるこつは、旬のものを合わせること。栄養的にもバランスがいいでしょう。海のものも山のものも申し合わせたように、相性がいいものが同じ時期に旬を迎えるんです。江戸の人はこれであえ物を作っていた。父が脳梗塞で入院し、嚥下障害に苦しんでいたとき、私は小松菜でポタージュを作ろうと思いついたんです。その時自然に「じゃあ、あさりを持ち込んでみよう」と思いつき、あさりのエキスをスープに入れた。祖母から母へと伝わったあえ物を、病を得た人にも食べやすいようにスープにしてみたんです。さらに、貝の食べ方で多いのは、きれいに洗ってちょっとお酒を入れて、あとはお水をさしてふわっと煮立ててすぐにいただく。だけど、最近は国産の貝って値段が高いんです。キロいくらで買っても、実なんて四分の一あるかどうか。だから、殻からも栄養をもらいたいものだなあと思って、三〇分くらい煮てからスープにしてみた。ただ、貝だけでは味が少し軽すぎるので、玉ねぎとにんじんとセロリ、いわゆる香味野菜もたっぷり入れて炊きますと、海のものと山のものが一緒になって、味もいいし、栄養的にもいい。病人に貝を食べさせるのは難しいですが、この貝のコンソメだったら、手術後に必要な亜鉛なんかもとれます。料理の方法を含め、物事ってこんなふうに変わっていくのだと思います。何でも一代ではできない。辰巳芳子は三代にしてできた。代を重ねると自然に人さまのお役に立つものができてくる。時間の経過って、必要なものを良い形で役立つようにしてくれるんですね。

細谷　実は僕は子どものころ、人に喜んでもらえる職業だから、料理人になりたいと思ったことがあるんです。でもそのころ、根気が足りないとか落着きがないとずっと言われていたので、喜んでもらえるからという理由だけでは続かないだろうと思ったんですね。それよりは、体が大変な状況の人がいて、その人のそばにいたほうが、きっと先方も僕を放したがらないでしょうから（笑）、そういった仕事につけば、きっとふらふらせずに仕事するだろうと思って医者になったような気がするんです。辰巳先生は、体の調子が悪くて食べられない人に、おいしく食べてもらえるよう、いろいろと工夫してらっしゃる。先日僕はある人に「細谷先生はこれまで四〇年近く小児がんの子どもたちと向き合ってきて」と言われたのですが、僕は「向き合う」というのがあまり得意じゃなくて、小津安二郎の映画のように、横並びで話をしたり、同じものを見ながら共感するほうがずっと得意なんです。辰巳先生も食べられない人たちに対して、横並びで寄り添ってらっしゃいますよね。

辰巳　昔、結核で一五年療養した経験がありますから、この人には何が必要かとか、何が欠乏しているかがわかりやすいのかもしれないですね。でも、私は「食」の真意は、いのちに欠かせないものというだけでなく、生物としての「ヒト」が、「人」になること、なろうとすることにあると思うんです。逝こうとしているかたに、いのちを傾けて作る。作った人のいのちは、作ったものにお供して、しずまり逝くかたの細胞の隅々まで共に運ばれて一つになる。逝くかたにおいしさを差し上げたい理由はここにあるのではないでしょうか。「人、友のためにいのちを捨つ、これより大いなる愛はない」と聖書にありますが、こうやっていのちを分け与えることこそが「いのちを尊ぶ食」なのだと思います。

日本人が持っているもの、持っていないもの

細谷　先日講演会で大阪に行ったとき、終わった後に会場にいらしたお母さんと話をしたんですが、そのかたの母親が二〇歳を越したくらいの年齢の時、一五歳の弟を白血病で亡くしたそうです。一九六〇年代ですから、白血病が不治の病とされていた時代です。病気が発覚してすぐに入院することになって駅前を通ったら、すごくおいしそうなうなぎの匂いがした。その時弟は「うなぎが食べ

たいなあ」と言ったそうですが、すぐに病院に来いと言われていたものだから「急ぎましょう」とそのまま入院し、結局治らないまま亡くなった。そのお姉さんは、「あの時に食べたいと言っていたうなぎを、どうして食べさせてあげなかったんだろう」と、おばあさんになった今でもずっと後悔してらっしゃるそうです。もしも、うなぎを食べる時間があれば、お姉さんもそんなに苦しまなかったかもしれない。人間にとって大切な時間とは何かがわかるのは、なかなか難しいですね。

辰巳　そうですねえ。そして、時を知る、つかむというのも、また一つの恵みですよね。

細谷　アメリカの神学者、ラインホルド・ニーバーの有名な祈りがあるじゃないですか。

「神よ
変えることのできるものについて、
それを変えるだけの勇気をわれらに与えたまえ。
変えることのできないものについては、
それを受け入れるだけの冷静さを与えたまえ。
そして、
変えることのできるものと、変えることのできないものと
識別する知恵を与えたまえ」
（ラインホルド・ニーバー、大木英夫訳）

神様にお願いしなくてはならないほど「識別する知恵」というのは難しい。人間の力には限りがあるので、その中でも何が大事かを自分なりにじっくり考える必要があるのだと思います。

辰巳　不思議だと思うのですが、いのちというものを感じていく感性というか、センスというか、そういったものに敏感な人と、それから感じないわけではないのでしょうが、鈍感な人がいるかもしれません。甥の息子がまだ学校に入る前の小さかったとき、こうつぶやいたんです。「こうやって人は勉強したり働いたりしているんだけど、いつか死んじゃうんだよね」って。その子は不思議な子で、赤ん坊の時、風が吹いてきてすーっとその子の上をなでて通ると無性に喜んだんですよ。それから、山の麓に住んでいたから、からすがうるさいくらい鳴くんです。そしたら、小さな体に精一杯力を込めて、からすに向かって「カーッ！」って返事したって。（笑）ちょっといいも

の持ってるなあって思ったんですね。

細谷　もともと日本人は、「山川草木悉皆成仏」といって、山も川も鳥獣も草木もみんないのちを持っていて、その中で人間も暮らしているという感覚を持っていましたよね。いろいろなものに神様が宿っていて、自分たちだけが自然を統率している存在ではないということを最も早くから感じていたのが日本人なんじゃないでしょうか。小さくても風にいのちを感じたり、からすも仲間だと思う感覚は、日本人の感性の深いところにまだまだちゃんと残ってるんですね。

辰巳　私は一〇年くらい前から、日本人は持っているものと持っていないものの識別を、一度きちんとやってみたらどうだろうと思ってるんです。というのも、ここへきて、日本には展望がない、先が見えないと大勢の人が苦しんでいる。それは、その作業をやらないからじゃないかと思うんですね。一度やってみれば、持っているものがこんなにあるのだと驚くんじゃないかと。各分野のかたがそれぞれご自分の専門から見た、この国が持っているものと持っていないものを識別してみれば、それを足場にして「希望」を育てていくことはできないでしょうか。

先生のご専門の医学の分野ではどうですか。

細谷　先ほど話した大阪の講演会では、大阪大学の総長で哲学者の鷲田清一さんと話をしたのですが、その中で僕がおもしろいなあと思ったのは、僕が「患者さんに死なれた」と発言したときに、鷲田先生が「医者なのに『患者さんに死なれた』という日本語を使うのはとても興味深い」とおっしゃった。「死なれる」というのは「死ぬ」という自動詞の受動態で、英語にはないというんです。それは患者さんに対する思い入れというか、共感のようなものがあるからではないか。普通、「父に死なれた」「母に死なれた」とは言うが、「隣のおじさんに死なれた」とは言わない。患者さんが他人ではないというのが日本の小児科の医者にはあるんじゃないかというような話をしたんです。かなり以前に、お手洗いの掃除に使うぞうきんも台所のふきんも、熱いお湯で殺菌すれば同じなんだから、一緒に洗ったほうが時間の節約ができるといった内容の本がありましたが、僕はそういう感覚は、日本人の中には決して根づかないだろうと思っていた。でも、だんだんとどこでぞうきんを使っても同じだろうという感覚が普通になってきて、日本人がもともと持っていた感覚がこれから先残るかどうかに関して、とても危うい感じがしてるんです。だから、辰巳先生がおっしゃったように、日本人が持っていたものと持ち続けたいものを一度挙げてみて、持ち続けたいと思ったものを意識して残していくことは大切なことかもしれませんね。小松菜とあさりを合わせてみようというのも、同じ時期に旬を迎え、それと同じ時期に自分も居合わせることができた。生かされてそれらを一緒に食べることに幸せを感じるという日本人の感覚は、とても大切だと思います。

辰巳　私は、今できることで必要欠くべからざることというのは、「生命観」を確立することだと思うんです。子どものころに父が出征したときに、「もしお父さまがこれで帰ってこられなかったとしたら、お父さまが生きてきた意味はどこにあるんだろう」と考えた。父は地下鉄を造る仕事をしてきたから、そういう社会的な意味があったのか。そうじゃないと思いました。じゃあ、私たち子どもがいるじゃない。それもそうじゃないと思った。伝えるためのいのちじゃない、個としての父のいのちの意味がなければならないと。ほんの二、三分の間にぱたぱたっと考えたことですが、それ以来、「いのち」とは何かをずっと考えています。ある日、ここに「ある」ことの不思議さをふっと感じることができる。そんな自分の生命観を深め、幅を持たせ、守り育てるというのは、一生の仕事だと思います。

細谷亮太（ほそや・りょうた）　一九四八年、山形県生れ。七二年、東北大学医学部卒業後、七七年まで聖路加国際病院小児科レジデント。七八年から二年間、テキサス大学M.D.アンダーソン病院がん研究所に勤務。帰国後、聖路加国際病院小児科に復職。小児科部長、副院長を経て、現在、聖路加国際病院小児科顧問。新聞や雑誌にコラムやエッセーを発表する傍ら、俳人としても活動。『小児病棟の四季』（岩波書店）、『医師としてできることできなかったこと』（講談社）、絵本『なみだ』（ドン・ボスコ社）など著書多数。毎年細谷氏が行なっている小児がん患者たちのサマーキャンプを、一〇年にわたって伊勢真一監督が撮影した「風のかたち」、ドキュメンタリー映画「大丈夫。―小児科医・細谷亮太のコトバ―」も。

辰巳芳子〔略歴〕

一九二四年
東京生れ。目黒・長者丸で父母、弟と暮らす。近くに住む祖父に愛されて幼少時を過ごすが、五歳の時に祖父が亡くなる。聖心女子学院でキリスト教と出会う。

四一年
高校二年で洗礼を受ける。卒業後、父の赴任先の名古屋でカナダ系ミッションスクール、柳城保育専修学校（現・名古屋柳城短期大学）に進み、幼児教育を学ぶ。

四四年
早春、懇望されて結婚。夫はフィリピンに出征して、九月に戦死。戦後、東京で国立教育研究所の実験保育室に勤めるが、結核を発症。一五年間の療養生活を送る。

六五年
一〇年間暮らした鎌倉の雪ノ下大御堂から浄明寺に移り住む。料理家の母・浜子を手伝いながら、イタリアやスペインを訪れ、フランス料理の指導も受ける。

七二年
父が脳血栓の再発で入院。嚥下困難となった父のため、母とともに、一椀の中に魚介、野菜、穀類、豆を組み合わせたスープを作って、毎日のように病院へ届ける。

七七年
母、逝去。それから三年、父の介護を果たす。この経験がいのちのスープへと導いていく。

九四年
七〇歳の誕生パーティで、「良い食材を伝える会」を立ち上げる宣言をする。会は九六年四月一日に発足。現在「良い食材を伝える会」会長。「確かな味を造る会」最高顧問。

九六年
鎌倉の自宅で「スープの会」主宰。と、同時に鎌倉のタケダ訪問看護クリニックでスープのサービスを始め、この活動は七年間続く。

二〇〇四年
「大豆一〇〇粒運動」の取組みを始める。

二〇〇六年
高知・近森病院で六〇〇人の患者にスープを提供。

二〇〇九年
滋賀・彦根市立病院緩和ケア病棟でスープサービス開始。日本緩和ケア学会のシンポジウムに招かれる。

二〇一二年
ドキュメンタリー映画「天のしずく　辰巳芳子〝いのちのスープ〟」公開。

そして今、受け継がれるもの

辰巳芳子が「食といのち」をテーマに、人生をかけて考え、作り上げ、育ててきた物事が、大切に守られている。これからもさまざまな場所で花開き、実を結び、新たな種となり、育っていくことを願って。

辰巳芳子オフィシャルサイト
https://tatsumiyoshiko.com

お墨付きの味のセレクトショップ 辰巳芳子が薦める味 茂仁香

家庭で作りやすく工夫された玄米スープやスーパーミールなど人気定番商品から、季節の限定商品まで、辰巳芳子のお墨付きが買える、唯一のオンラインショップ。無添加の国内産のものだけを扱い、例えばみそなら、原材料の大豆や塩の産地まできちんと表記できるものを扱う。日本人が本来もつ繊細な味覚を呼び覚ます味わい。「おいしい」ことは大前提。使い方も辰巳による丁寧な説明があり、至れり尽くせりだ。

「茂仁香という会社を作った理由は二つ。日本の家庭に国産のおいしく安全な食べ物を届けることと、正しい作り方をしている生産者を守りたいという辰巳の思いからです」と、茂仁香の河村美樹さん。「辰巳が大切にしてきた味を家庭の台所に届けるためのお手伝いができれば。長く続けていくことが、裏方である私たちの使命です」

茂仁香ウェブサイト
https://monika.co.jp/

辰巳家の食卓、オンライン教室も好評 辰巳芳子スープ教室

「スープの目標は優しさです」。その言葉に象徴される精神とともに、「いのちのスープ」の多彩なレシピは長く受け継がれ、家庭のキッチンで作り続けられている。それを支えるのが、「辰巳芳子スープ教室」。現在は鎌倉の辰巳邸で行なわれていた時代から続いている対面レッスンに加え、時代の要請に合わせた会員制のオンライン教室もスタート。対面教室と同様、綿密で丁寧なカリキュラムが組まれ、後継者である対馬千賀子さんが講師を務める教室は、いつも盛況だ。スープ教室で学ぶ人々と、その同窓会組織である「カイロス会」のためのウェブサイトでは、対馬さんが辰巳芳子のある一年間、朝昼晩の食の記録を綴った連載「辰巳家の長寿の食卓」も読める。

辰巳芳子スープ教室ウェブサイト
https://tatsumiyoshiko-soup.com/

次世代へさらに広がり続ける 大豆一〇〇粒運動

当時八〇歳の辰巳が、食糧自給率や安全性への危機感から提唱し、広めた取組みは、約二〇年後の今、しっかりと根づき、広がりを見せている。長野県の四つの小学校からスタートした大豆一〇〇粒運動は現在、北海道から九州まで全国の約五〇〇校が参加。小中学校に加え、二〇一八年からは全国の農業高校も活動に参加するようになり、高校生による小学校での技術指導実習、大豆を使った商品開発、大豆に関わる食品製造業への卒業生の就職など新たな展開も見せ、年四回発行の「大豆一〇〇粒しんぶん」は、各地から寄せられる活動報告の場となっている。国産大豆の自給率は、発足当時の四%から現在六%に。「大豆一〇〇粒しんぶん」の発行人、支える会事務局の齋藤彰さんは「これを八%まで持っていきたい。時代に合わせて変わっていくと思いますが、これからも地道に活動を続けていきます」と語る。

（最新情報は大豆一〇〇粒運動Facebookページに）

あとがきにかえて

対馬千賀子

若い頃は、結核で長い間療養をなさった辰巳芳子先生ですが、九九歳を過ぎて今なお、お元気で食欲もあり、このまま一〇〇歳を迎えられることと思います。

辰巳先生は食べることについて深く考え、皆さんに食べる意味や食べ方について伝え続けてこられました。もともと、料理が好きというよりはむしろ勉強が好きな方。大学への進学後に母、辰巳浜子先生から「芳子がこんなに勉強するのなら大学に行かせなければよかった」と言われたそうです。その頃の女性は、大学で勉学に励むよりも、結婚される方が多かったのでしょう。

私は辰巳先生の内弟子として、一七年間をともに暮らしましたが、先生は常にたくさんの本を読まれていました。テレビを見ている時も、よい話を聞いたと思えば鉛筆とノートをさっと取り出し、その言葉を忘れないように書きとめていました。中でも音楽の指導をする番組がお好きで、「料理と音楽は似ている。呼吸の仕方や奏でる音、音楽にむかう姿勢は料理に通じるものがある」と、真剣に観ていました。本を購入するペースは早く、気になった本があるときは同時に三冊から五冊を注文されます。そのため本棚はいつも本で一杯。どんなに分厚い本も、先生は数日で読み終えてしまうのです。私は不思議に思って「どうしたらそんなに速く本を読むことができるのですか?」と聞いたことがありました。先生は「斜めに読めるのよ。あとは、そうね、大事なところはだいたいわかるの」と、にこっと笑いながら答えてくれましたが、私にはとても真似のできない読み方でした。

辰巳先生がスープ教室の中で生徒の皆さんに常に語りかけた言葉に「生きてゆきやすく」があります。先生が語る「生きてゆきやすい」とは、自由に好きなように生きるという意味ではもちろんありません。きちんとした食事を作り食べていくこと。日本人が昔から食べてきた季節のものを大切に食べていくことです。先生はいつも物事を根元的に、根っこのところから知ろうとし、そこから考えを広げていくことを大切にされていました。人間の細胞が常に生まれ変わり、食べたものは細胞が生まれ変わることに深く関わっている。そのことが分かったのは辰巳先生が八〇歳になられてからです。生物学者の福岡伸一先生が書かれた本から命のしくみと食べることとの関わりを知ることができました。

おいしいものを食べると元気が出ます。温かい汁物をいただくと疲れがとれ、なんだかほっとします。人間の感覚は細胞にも影響しているのではないでしょうか。人間やるかやらないか、どのように食べるかは自分自身の選択です。次の世代を生きる子供達の細胞が常によい状態であるように、それに応える食べもの、食べ方を残せるように願っています。

最後に私の提案を受け入れて、ご尽力くださった文化出版局の浅井香織さん、アートディレクターの木村裕治さん、編集の田村敦子さんに心より感謝申し上げます。

一〇〇歳の記念に本を出版できますこと、とてもうれしくありがとうございました。

監修
茂仁香

撮影
小林庸浩
百瀬恒彦
飯田安国
安河内 聡
藤本 毅
安田如水（文化出版局）

取材・文
歌代幸子
片柳草生
辻 さゆり

装丁・本文デザイン
木村デザイン事務所

DTP
文化フォトタイプ

校閲
山脇節子

編集
田村敦子（ＶｉｖＳｔｕｄｉｏ＆Ｃｏ.）
浅井香織（文化出版局）

辰《たつ》巳《み》芳《よし》子《こ》という生《い》き方《かた》

文化出版局編

二〇二四年三月三〇日 第一刷発行

発行者 清木孝悦
発行所 学校法人文化学園 文化出版局
〒一五一－八五二四
東京都渋谷区代々木三－二二－一
電話 〇三－三二九九－二五六五（編集）
〇三－三二九九－二五四〇（営業）
印刷所 TOPPAN株式会社
製本所 大口製本印刷株式会社

文化出版局のホームページ
https://books.bunka.ac.jp/